"十四五"职业教育国家规划教材

汽车涂装技术

主　编　毕亚峰　赵志明　惠兆旭
副主编　李　喜　张洪波　李东兵　李　鹏
参　编　于立辉　马俊艳　武　忠　王　欢
　　　　赵　颖　李起振

北京理工大学出版社
BEIJING INSTITUTE OF TECHNOLOGY PRESS

内 容 简 介

本书以"积极探索教学改革思路，充分考虑区域性特点，提升学生职业素质"为指导思想，采用职教专家、行业一线专家、校教师、出版社编辑"四结合"的编写模式。教材内容的特点是：准确体现职业教育特点（以工作岗位所需的知识和技能为出发点）；理论内容"必需、够用"；实训内容贴合工作一线实际；选图讲究，易懂易学。

本书主要以汽车维修行业中的喷漆岗位所从事的工作为导向，详细介绍了汽车涂装修理的工艺方法。全书共12个项目14个典型工作任务，内容包括防护用品的正确穿戴、底材的处理、腻子的刮涂及打磨、喷枪的清洗与维护、中途底漆的喷涂、中途底漆的打磨、面漆的调色与喷涂、面漆的修整、塑料件的涂装、局部修补涂装、局部修补涂装、板块修补涂装、全车修补涂装。按汽车维修企业实际工作过程培养学生的专业能力与职业核心能力。

本书内容取材切合实际，层次分明，简明扼要，体现了当今比较先进的涂装修理工艺水平和发展方向，具有较强的实践性和可操作性，适合作为中高职、技工院校相关汽车类专业教材，亦可作为汽车制造、汽车营销、汽车维修等企业的技术培训教材或自学参考用书。

版权专有　侵权必究

图书在版编目（CIP）数据

汽车涂装技术 / 毕亚峰，赵志明，惠兆旭主编 . —北京：北京理工大学出版社，2023.7重印

ISBN 978-7-5682-5530-1

Ⅰ. ①汽… Ⅱ. ①毕… ②赵… ③惠… Ⅲ. ①汽车－涂漆－职业教育－教材
Ⅳ. ① U472.44

中国版本图书馆 CIP 数据核字（2019）第 253193 号

出版发行 / 北京理工大学出版社有限责任公司
社　　址 / 北京市海淀区中关村南大街 5 号
邮　　编 / 100081
电　　话 /（010）68914775（总编室）
　　　　　（010）82562903（教材售后服务热线）
　　　　　（010）68944723（其他图书服务热线）
网　　址 / http：//www.bitpress.com.cn
经　　销 / 全国各地新华书店
印　　刷 / 河北佳创奇点彩色印刷有限公司
开　　本 / 787 毫米 × 1092 毫米　1/16
印　　张 / 14.5
字　　数 / 337 千字
版　　次 / 2023 年 7 月第 1 版第 4 次印刷
定　　价 / 45.50 元

责任编辑 / 钟　博
文案编辑 / 钟　博
责任校对 / 周瑞红
责任印制 / 边心超

图书出现印装质量问题，请拨打售后服务热线，本社负责调换

前言

党的二十大报告提出:"建设现代化产业体系。坚持把发展经济的着力点放在实体经济上,推进新型工业化,加快建设制造强国、质量强国、航天强国、交通强国、网络强国、数字中国。""办好人民满意的教育。教育是国之大计、党之大计。培养什么人、怎样培养人、为谁培养人是教育的根本问题。育人的根本在于立德。全面贯彻党的教育方针,落实立德树人根本任务,培养德智体美劳全面发展的社会主义建设者和接班人。""统筹职业教育、高等教育、继续教育协同创新,推进职普融通、产教融合、科教融汇,优化职业教育类型定位。"职业教育的发展已作为国家当前教育发展的战略重点之一,但目前学校所使用的教材普遍存在以下几个方面的问题:

(1) 学生反映难理解,教师反映不好教;

(2) 企业反映脱离实际,与其需求距离很大;

(3) 不适应新一轮教学改革的需要,汽车车身修复、汽车美容与装潢等专业教材急缺;

(4) 立体化程度不够,教学资源质量不高,教学方式相对落后。

为深入贯彻党的二十大精神,并针对以上问题,我们开发了《汽车涂装技术》教材。

本教材以"积极探索教学改革思路,充分考虑区域性特点,提升学生职业素质"为指导思想,采用职教专家、行业一线专家、在校教师、出版社编辑"四结合"的编写模式。教材内容的特点是:准确体现职业教育的特点(以工作岗位所需的知识和技能为出发点);理论内容"必需、够用";实训内容贴合工作一线实际;选图讲究,易懂易学。

本书共分为12个项目,内容包括防护用品的正确穿戴、底材的处理、腻子的刮涂及打磨、喷枪的清洗与维护、中涂底漆的喷涂、中涂底漆的打磨、面漆的调色与喷涂、面漆的修整、塑料件的涂装、局部修补涂装、板块修补涂装、全车修补涂装等内容。

本教材将先进的教学内容、教学方法与教学手段有效地结合起来,形成课本、课件和习题集三位一体的立体教学模式。

本书由长春市机械工业学校毕亚峰、赵志明、惠兆旭担任主编,由长春市机械工业学校李喜、长春之星汽车有限公司张洪波、长春汽车工业高等专科学校李东兵、长春悦迪汽车服务有限公司李鹏担任副主编。参与编写的还有:长春市机械工业学校于立辉、马俊艳、武忠、王欢,吉林省经济管理干部学院赵颖,长春汽车工业高等专科学校李起振。

限于编者的水平,书中难免有不妥或错误之处,请广大读者批评指正,提出修改意见和建议,以便修订时改正。

编 者

目录

项目一 防护用品的正确穿戴 ································ 1
防护用品的正确穿戴 ································ 2

项目二 底材的处理 ································ 11
底材的处理 ································ 12

项目三 腻子的刮涂及打磨 ································ 39
腻子的刮涂及打磨 ································ 40

项目四 喷枪的清洗与维护 ································ 61
喷枪的清洗 ································ 62
喷枪的维护 ································ 69

项目五 中涂底漆的喷涂 ································ 85
中涂底漆的喷涂 ································ 86

项目六 中涂底漆的打磨 ································ 97
中涂底漆的打磨 ································ 98

项目七 面漆的调色与喷涂 ... 103
面漆的调色 ... 104
面漆的喷涂 ... 123

项目八 面漆的修整 ... 141
面漆的修整 ... 142

项目九 塑料件的涂装 ... 165
塑料件的涂装 ... 166

项目十 局部修补涂装 ... 183
局部修补涂装 ... 184

项目十一 板块修补涂装 ... 199
板块修补涂装 ... 200

项目十二 全车修补涂装 ... 211
全车修补涂装 ... 212

项目一
防护用品的正确穿戴

▶ **项目导入**

汽车的涂装作业涉及多种危害因素，其中最突出的问题就是多数涂装原辅材料具有燃烧、爆炸等理化特性，有些涂料在作业过程中还有粉尘危害。此外，涂装作业中还会用到一些运动部件、电器设备等。危害因素存在于涂装作业的各个工艺环节。

多数工种的作业都需要安全防护，汽车涂装更是如此，要通过防护手段实现汽车涂装的安全作业，首先必须掌握涂装作业防护用品的选择及穿戴方法。本项目介绍涂装作业防护用品的正确穿戴。

项目一　防护用品的正确穿戴

学习目标

知识目标
（1）了解涂装作业的主要危害。
（2）掌握汽车涂装作业防护用品的作用及用途。
（3）掌握涂装作业各工序需要使用的防护用品。
（4）能够描述涂装作业的注意事项。

技能目标
能够在涂装作业中合理地选择防护用品，并正确穿戴。

素养目标
（1）了解安全操作要求，重视人员身体安全与防护，养成安全文明操作的习惯。
（2）养成组员之间互相协作的习惯。

项目任务

防护用品的正确穿戴

任务目标

（1）了解汽车涂装作业的主要危害。
（2）掌握汽车涂装作业防护用品的作用及用途。
（3）能够在各种涂装作业中合理地选择防护用品，并正确穿戴。

防护用品的正确穿戴

知识准备

1. 汽车涂装作业对人体的危害

涂装作业中对人体有危害的物质主要有挥发性有机气体、粉尘颗粒和异氰酸酯 3 类。挥发性有机气体主要指有机溶剂挥发形成的气体；粉尘颗粒主要指打磨时的粉尘或喷涂时形成的漆雾（含有大量重金属）；异氰酸酯是某些聚氨酯固化剂中的一种物质，它对人体的危害如图 1-1 所示。

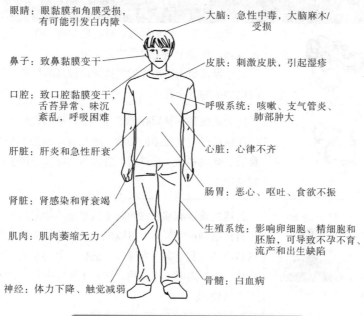

图 1-1 异氰酸酯对人体的危害

2. 汽车涂装作业防护用品

涂装作业中如果长期不注意防护，很容易导致身体不适，严重的还会危及生命。如果施工人员能正确、规范地进行防护，以上危害是可以避免的。

汽车涂装作业中常用的防护用品见表 1-1。

表 1-1 汽车涂装作业中常用的防护用品

防护用品种类		作用及用途
工作服	棉质工作服	棉质工作服保护操作人员免受粉尘、漆雾的侵害，防止擦伤、磨伤等。在除喷漆之外的一般工作中选用
	防静电喷漆服	防静电喷漆服可以有效减少漆雾对人体的侵害，避免吸附灰尘和静电导致的安全问题
护目镜		护目镜用于保护眼睛，防止打磨时产生的粉尘或喷漆时的漆雾及溶剂对眼睛的伤害，在整个施工过程中都要求佩戴

续表

防护用品种类			作用及用途
安全鞋			在鞋尖上有一块金属板，鞋后跟很厚，在工作过程中可以有效保护双脚，在整个施工过程中都要求穿戴。 对于经常出入溶剂挥发气体含量较高的场所，还应该选择具有防静电功能的安全鞋
呼吸保护器		防尘面罩	防尘面罩是一种罩在鼻子和嘴上的纸质或纤维质地的过滤器，能够阻挡通过空气传播的微粒，避免有害的粉尘粒子进入施工人员的鼻腔、咽喉和肺。在进行打磨、清洁以及会产生微粒和粉尘的工作时选用
	防毒面罩	过滤式面罩	过滤式面罩能够过滤掉防尘面罩所不能阻挡的细微粒子、烟雾以及有机溶剂挥发气体，可以隔绝单组分油漆以及其他非异氰酸酯类材料的蒸气和喷雾。在除油、洗枪、涂料调色、刮灰和喷涂不含异氰酸酯类涂料时可以选用。在施工环境中氧气含量低于19.5%时绝对不可使用
		供气式面罩	供气式面罩能有效隔绝受过污染的空气，通过有效过滤压缩空气，给施工人员提供清洁、新鲜的空气，达到保护操作人员的目的，是目前最为安全的防护用品。建议在喷涂所有类型的底漆、密封材料和涂料时都采用这种面罩。特别是在喷涂含异氰酸酯类材料的涂料时必须佩戴供气式面罩
手套		线手套	线手套能够保护施工人员的手部，防止划伤、磨损及污染，在打磨、清洁、移动工件或使用工具时选用
		橡胶手套	橡胶手套能够防止有机溶剂通过皮肤进入人体内，在与溶剂、涂料接触时需要佩戴。其一般有薄型和厚型两种，与溶剂或涂料直接接触时应选用厚型橡胶手套，如除油、洗枪等作业；在操作中可能间接接触溶剂或涂料时，可以选用薄型橡胶手套，如调漆、喷漆作业等
耳塞			耳塞用于保护听力，在打磨或喷涂等噪声较大的操作中佩戴

3. 汽车涂装作业防护用品的选择

汽车涂装作业防护用品的选择见表1-2。

表1-2 汽车涂装作业防护用品的选择

工序	可能存在的隐患	棉质工作服	防静电喷漆服	安全鞋	护目镜	供气式面罩	过滤式面罩	防尘面罩	线手套	耐溶剂手套	橡胶手套	耳塞	工作帽
清洗	打湿身体	☺		☺	☺						☺		☺
除油	吸入有机气体，眼睛、皮肤接触化学品	☺	☺	☺	☺		☺			☺			☺
用化学方法除漆、除锈	吸入有机气体，眼睛、皮肤接触化学品	☺	☺	☺	☺		☺			☺			☺
用物理方法除漆、除锈	吸入打磨粉尘	☺		☺	☺			☺	☺	☺			☺
腻子混合及刮涂	吸入有机气体，眼睛、皮肤接触化学品	☺		☺	☺		☺			☺			☺
干打磨	吸入化合物及粉尘	☺		☺	☺		☺	☺		☺			☺
调色	吸入有机气体，眼睛、皮肤接触化学品	☺	☺	☺	☺		☺			☺			☺
混合或搅拌油漆	吸入有机气体，眼睛、皮肤接触化学品	☺	☺	☺	☺		☺			☺			☺
工件准备	磨损、划伤皮肤	☺		☺					☺				☺
喷涂油漆	吸入有机气体，眼睛、皮肤接触化学品		☺	☺	☺	☺				☺			☺
贴护	一般作业隐患	☺		☺									☺
清洗喷枪	吸入有机气体，眼睛、皮肤接触化学品		☺	☺	☺		☺			☺			☺
强制干燥	烫伤	☺		☺						☺			☺
抛光打蜡	吸入有机气体，眼睛、皮肤接触化学品	☺		☺	☺		☺			☺			☺
清洁	吸入有机气体，眼睛、皮肤接触化学品	☺		☺	☺			☺	☺	☺			☺

注：表中 ☺ 标志为选择项。

4. 汽车涂装作业的注意事项

除了正确使用必要的防护用品外，施工人员在作业时还应注意以下几点：

（1）施工场地应该有良好的通风或排风设备，使空气流通，加速有毒、有害物质的散发。

（2）施工时如果感到头痛、眩晕、心悸、恶心等时，应该立即停止工作，到室外空气新鲜的地方休息，严重时应该及时治疗。

（3）长期接触飞漆和有机溶剂的人，有可能发生慢性中毒，所以施工人员要定期检查身体，若发现有中毒迹象，应该调离原工作岗位。

（4）有机溶剂蒸气可以通过皮肤渗入人体，因此在喷涂完毕后，要用肥皂洗脸和洗手，条件允许时，喷涂完毕后应该淋浴。为了保护皮肤，施工前暴露在外的皮肤要涂抹防护油膏，施工后洗干净，再涂抹润肤霜以保护皮肤。在施工场地，必须安装紧急淋浴器，当溶剂或化学药品大量溅在人体上时，应立即冲洗身体。

（5）有些含铅质颜料（如红丹）是毒性很大的涂料，不可以喷涂，只宜刷涂。一些含重金属（如铬、镉）的底漆，打磨时一定要注意防尘。

（6）若施工时溶剂溅入眼睛内，应立即用清水冲洗，然后去医院治疗。

（7）喷涂完毕后要多喝开水，以湿润气管，增强排毒能力。平时多喝牛奶，多吃水果，也有利于排毒。

任务实施

（一）作业准备

需要准备的防护用品有：棉质工作服、防静电喷漆服、安全鞋、护目镜、供气式面罩、过滤式面罩、防尘面罩、线手套、耐溶剂手套、橡胶手套、耳塞、工作帽。

（二）操作步骤

1. 佩戴工作帽

在汽车涂装作业过程中，粉尘、油污等会使头部污染或不清洁，所以除穿着连体式防静电喷漆服以外的作业中都应佩戴工作帽。注意：长发者在佩戴工作帽时，需将头发放入工作帽中。

2. 佩戴护目镜

护目镜用于保护眼睛免受涂料及稀释剂的侵害，也用于防止打磨时产生的原子灰或金属微粒的伤害，除佩戴整体式呼吸器以外的作业中都应佩戴护目镜。

3. 佩戴耳塞

清除旧漆、除锈及打磨作业中需要佩戴耳塞。

（1）由于人的外耳道是弯曲的，所以在佩戴耳塞时，应用一只手绕过头后，将耳廓往后及往上拉（将外耳道拉直），用另一只手将耳塞推进去。

（2）若佩戴发泡棉式耳塞，应先将耳塞搓压至细长条状，再慢慢塞入外耳道，使它膨胀至将耳道封住。

4. 佩戴呼吸保护器

（1）除尘、打磨等作业中须佩戴防尘面罩。

①调整好头带，将面罩放置于掌中，将鼻位金属条朝指尖方向，让头带自然垂下，戴上面罩，鼻位金属条部分向上，紧贴面部，将头带戴好并调校至舒适位置。

②将双手指尖沿着鼻位金属条由中间至两边按压，直至紧贴鼻梁。

③进行正压及负压测试。正压测试：双手遮住面罩，大力呼气，如空气从面罩边缘溢出，即佩戴不当，须再次调校头带及鼻位金属条；负压测试：双手遮住面罩，大力吸气，面罩中央会陷下，如有空气从面罩边缘进入，即佩戴不当，须再次调校头带及鼻位金属条。

（2）喷涂作业中须佩戴供气式面罩。

①使用前应检查面罩是否完好，应保持良好的气密性。

②检查导气管有无堵塞或破损，金属部件有无生锈、变形，橡胶有无老化等。

5. 佩戴手套

（1）必须按手套的防护功能选用手套，不能乱用，以免发生意外。

（2）在使用防水、耐酸碱、防化学、防油的手套前，要仔细检查有无破损、老化，若有，则不能使用。

（3）在使用橡胶、乳胶、塑料等防护手套后应冲洗干净，晾干保存，避免高温，并在制品上撒上滑石粉以防粘连。

（4）绝缘手套应严格按使用说明使用，并定期检验绝缘性能，若不符合规定则不能使用。

6. 穿着安全鞋

（1）选择合适尺码的安全鞋，注意个人卫生，维持脚部及鞋履清洁干爽。

（2）定期清理安全鞋，在清理时不能用溶剂作为清洁剂。避免鞋底积聚污垢而导致鞋底的导电性或防静电效能减弱。

（3）安全鞋应储存在阴凉、干爽和通风良好的地方。

7. 穿着防护服

（1）根据对应工序选择合适的防护服，一般汽车涂装作业中须穿着棉质工作服，喷涂油漆时还需要穿着防静电喷漆服。

（2）穿着前要检查防静电喷漆服的质量，要重视防静电喷漆服的使用条件，不可超限度使用。

（3）防护服使用后，应检查，清洗，晾干保存，以便下次穿着。

学习小结

1. 汽车涂装作业对人体的危害

在汽车涂装作业中，对人体有危害的物质主要有挥发性有机气体、粉尘颗粒和异氰酸酯3类。汽车涂装作业中如果长期不注意防护，人体的各部分机能就会逐渐衰弱，危及人体的健康和安全。

2. 汽车涂装作业防护用品

汽车涂装作业中常用的防护用品主要有工作服（棉质工作服、防静电喷漆服）、护目镜、安全鞋、呼吸保护器（过滤式面罩、供气式面罩）、手套（线手套、橡胶手套）、耳塞。其作用是保护身体的对应部位。

3. 汽车涂装作业防护用品的选择

汽车涂装作业的各工序都存在一些隐患，不同工序作业中需要根据防护用品的作用进行选择。

4. 汽车涂装作业的注意事项

（1）施工场地通风要好。

（2）在施工时，如身体不适应，应及时休息或治疗。

（3）施工人员要定期检查身体。

（4）施工后及时清洗身体。

（5）注意有毒涂料或重金属涂料的施工工艺以及防护措施。

（6）施工时若溶剂溅入眼睛，应立即用清水冲洗，然后去医院治疗。

（7）多喝开水，多喝牛奶，多吃水果，有利于排毒。

任务评价

任务评价见表1-3。

表 1-3 防护用品的正确穿戴的操作考核评价表

考核项目	评分标准	分数	学生自评	小组互评	教师评价	备注
团队合作	是否和谐	5				
活动参与	是否积极主动	5				
任务方案	是否正确、合理	15				
安全生产	有无安全隐患	10				
操作过程	涂装作业防护用品是否正确穿戴	30				
任务完成情况	是否圆满完成	5				
工具使用情况	是否规范标准	10				
劳动纪律	能否严格遵守	5				
现场 5S 管理	是否做到	10				
工单填写	是否完整、规范	5				
总　　分		100				
教师签名		年　　月　　日			得分：	

项目二
底材的处理

▶ 项目导入

一辆车身漆面受损的汽车需要进行修补涂装。在进行修补涂装作业之前，根据操作规范对汽车进行喷涂前的准备作业。喷涂前不仅要对车辆进行清洁除油，还需要对受损区域底材进行相应的处理。

本项目通过介绍涂装前底材的处理，使读者对其流程有所认识，并掌握底材处理的作业内容。

项目二　底材的处理

学习目标

知识目标

（1）了解涂装的概念及作用。

（2）能够认识汽车涂装及汽车修补涂装的特点。

（3）了解汽车涂装的分类。

（4）掌握底材处理的含义及目的。

（5）了解汽车车身常用金属材料的特点及前处理方法。

（6）掌握汽车涂层的类别及作用。

技能目标

掌握底材处理的整个工艺流程，并能够熟练完成底材处理作业。

素养目标

（1）了解安全操作要求，重视操作人员的身体安全与防护，养成安全文明操作的习惯。

（2）养成组员之间相互协作的习惯。

项目任务

底材的处理

任务目标

（1）了解涂装的概念及作用。

（2）能够认识汽车涂装及汽车修补涂装的特点。

（3）了解汽车涂装的分类。

（4）掌握底材处理的含义及目的。

（5）了解汽车车身常用金属材料的特点及前处理方法。

（6）掌握汽车涂层的类别及作用。

（7）掌握底材处理的整个工艺流程，并能够熟练完成底材的处理作业。

知识准备

1. 涂装的概念及作用

涂装是指将涂料涂覆于经过处理的物体表面，再经过干燥成膜的工艺过程，如图2-1所示。

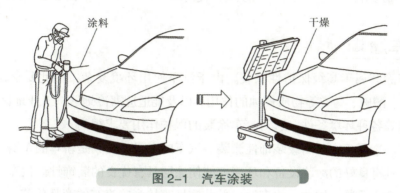

图2-1 汽车涂装

已经固化的涂料膜称为涂膜，由两层或两层以上的涂膜组成的复合层称为涂层。汽车表面涂装就是典型的多涂层涂装。

汽车涂装的作用如下：

（1）保护作用。汽车用途非常广泛，活动范围广，使用环境复杂，经常受到雨水、微生物、紫外线和其他酸碱气体、液体等的侵蚀，有时还会出现碰撞、刮擦而造成损伤，如果在它的表面涂上涂料，就能保护汽车免受侵害，延长其使用寿命，如图2-2所示。

（2）装饰作用。现代汽车不但是实用的交通运输工具，还是一种工业美术品，具有艺术性，如图2-3所示。绚丽的色彩与优美的线形融为一体，构成了汽车的艺术造型，协调的色彩烘托了汽车的外观，使汽车更具有美感，从而提升了车辆的使用价值及商业价值。

图2-2 保护作用　　图2-3 装饰作用

（3）特殊作用。有些涂装可以通过涂料的颜色及涂料的某些性能起到特殊的作用。例如：可以通过不同颜色起到标识作用，如图2-4所示；通过不同颜色和图案的配合来区别不同汽车的用途，如图2-5所示；应用涂料的特殊性能，使汽车具有特殊功用以完成特种作业或适应特定的使用条件，如图2-6所示。

图2-4 消防车

图2-5 救护车

图2-6 化学物品储运车

2. 汽车涂装的特点

（1）汽车涂装属于高级保护性涂装。由于汽车使用环境复杂，因此要求汽车涂层具有耐沥青、油污、酸碱、鸟粪等物质侵蚀的作用，以及能适应寒冷地区、工业地区、沙漠戈壁、湿热带和沿海等各种环境条件。这对汽车涂装的保护作用要求很高。

（2）汽车涂装属于中、高级装饰性涂装。汽车的车身，尤其是轿车的车身必须进行精心的涂装设计，具有良好的涂装设备和环境才能使涂层具有优良的装饰性。汽车的装饰性除车型设计外，主要靠涂装。因此，汽车涂层的装饰性直接影响汽车的商品价值。

（3）汽车涂装是最典型的工业涂装。汽车工业是资金密集、技术密集、人才密集、综合性强、经济效益高的产业，汽车涂装一般都是流水线作业，如图2-7所示。汽车涂装的质量要求极高，是工艺现代化的工业涂装的典型代表之一。很多涂装新工艺、新技术都是由汽车工业带头开发的，很多涂料新品种的探索及开发是由汽车工业促进的。

（4）汽车涂装一般为多涂层涂装。汽车车身涂层如果是单涂层，漆面会显得不够饱满、色彩干涩，从而降低其装饰性，此外单涂层厚度较薄，抗冲击能力差，保护性能也差，所以，汽车涂层多由多层组成，如图2-8所示，如轿车车身的涂层一般由底漆层、中间涂层和面漆层组成。

图2-7 汽车涂装生产线

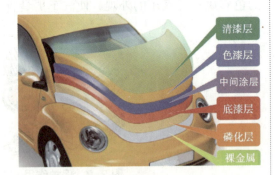
图2-8 汽车涂层

3. 汽车修补涂装的特点

汽车修补涂装相对于汽车制造涂装具有以下特点：

（1）汽车修补涂装属于恢复性涂装。汽车修补涂装的目的是对出现损坏的汽车涂层进行合理的施工，恢复涂层的保护和装饰作用，使新涂层与原厂涂层一致。

（2）汽车修补涂装比较复杂。在实际工作中，维修车辆的类型、颜色、损坏部位及损坏程度等都是不相同的，汽车修补涂装必须针对具体的车辆进行施工，这为计划安排和组织生产带来了一定的困难。

（3）汽车修补涂装质量要求高。在进行汽车修补涂装时，由于技术人员水平、施工条件等因素的影响，修补涂层很难与原车涂层完全一致，但是客户的要求是非常苛刻的，要尽量做到无痕迹修补。所以，从事汽车修补涂装的个人和企业必须不断提高修补质量，精心施工，严格管理，以最大限度地满足客户的要求。

（4）汽车修补涂装以手工操作为主。因为汽车修补涂装的复杂性，只能采用适应性强的手工操作方法进行施工。现在为了改善手工操作的作业环境，降低劳动强度，提高涂层质量，汽车修补涂装行业多采用机械打磨和电脑配色等。

4. 汽车涂装的分类

汽车涂装按涂装对象分类，大体可以分为新车制造涂装和汽车修补涂装两大类。

汽车涂装根据涂装部位的不同可以分为以下几种：

（1）车身外表涂装。车身外表涂装是汽车制造涂装的重点，其目的是实现高装饰性和防腐蚀的功能，并与汽车用途相适应，使汽车具有优良的耐久性。

（2）车厢内部涂装。车厢内部涂装是指客车车厢内部表面和载货汽车、特种汽车的驾驶室内表面的涂装。其主要应满足装饰性和居住性的要求，给人以舒适、赏心悦目的感觉。

（3）车身骨架涂装。车身骨架是指支撑汽车覆盖件且构成汽车形体的承力结构件总成。车身骨架的结构强度决定了汽车的使用寿命，因此对其涂装的要求主要是抗腐蚀和保护基本材料。对于车架以下的部分还要求耐水、耐油和抗冲击。对于汽车车身要求作好隔声、隔热和密封处理。

（4）底盘部件涂装。汽车底盘部件都在汽车的下部，要求涂膜具有良好的耐水性、耐油性、抗冲击性和耐久性，尤其是底漆应有良好的附着力。

（5）发动机部件涂装。发动机的温度较高，且经常接触水、油等，因此要求涂膜应耐热、耐水和耐油。

（6）电气设备涂装。电气设备涂装主要要求防水、防腐蚀和绝缘，对于蓄电池附近的构件则要求耐酸。

汽车修补涂装主要指车身部位的涂装，根据修补部位和修补面积的大小又可以分为全车修补涂装、局部修补涂装和板块修补涂装。

5. 底材处理的含义及目的

底材处理指的是在进行涂装前（包括腻子的涂装）对底材表面的相关处理工作，一般包括清洁、除油、除锈、除旧漆、粗化、打磨羽状边等工序。

车身板件底材的处理

底材处理是涂装工艺的重要一步，底材处理质量的好坏直接影响整个涂层质量的好坏。

汽车在使用的过程中，其涂层表面会出现不同程度的老化、损伤或因为碰撞出现损坏，涂层失去部分或全部的保护和装饰作用，如果不及时进行处理，不仅会加速涂层的老化，严重时还会影响车辆的使用寿命和使用安全。所以在进行新涂层涂装前，需要对旧涂层及表面作相应的处理，使工件表面达到无油、无锈、无旧漆、无其他污物，并具有一定的粗糙度，以使后续的涂层涂料能牢固地附着在其表面上。

涂装前进行底材处理的主要目的如图2-9所示。

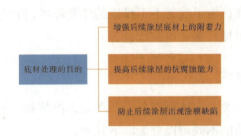

图2-9　涂装前进行底材处理的主要目的

6. 汽车车身常用金属材料的特点及前处理方法

钢板底材特点及处理方法

（1）钢板底材。汽车车身一般由钢板制成。钢板产生锈蚀的主要原因是钢材本身不稳定且容易氧化。车身表面会由于涂层老化、开裂、脱落、碰撞使钢板暴露在空气中，空气中的水分、氧气、工业污染物等会使钢板表面产生锈蚀。另外，涂层一般都有渗水、渗氧、渗离子的弱点，水、氧和离子等到达金属基层，会在涂层和基材之间形成亲水层，导致涂层的附着力下降，甚至起泡，锈蚀也随即形成。

为了增强钢板的耐腐蚀能力，底材可以采用酸性金属处理液进行处理，形成化学处理涂层（如磷化、钝化等），以提高耐腐蚀能力。

（2）镀锌金属底材。镀锌钢板的结构是在钢板表面镀了一层锌。镀锌层在钢板上形成一道隔离层，可以将钢板和空气、水分隔开，锌与空气接触会在其表面形成一层氧化锌，氧化锌能与锌层牢牢地附着在一起，氧化锌的稳定性使锌与空气、水分之间形成一层极好的保护膜。为了提高汽车车身的耐腐蚀性，镀锌钢板在车身上的使用率越来越高。但是若直接在镀锌钢板上刮涂聚酯腻子或喷涂普通底漆，锌就会与涂料的基料反应生成金属盐，金属盐会导致锌表面与涂层的附着力变差，时间长了还会生锈。因此，镀锌钢板在涂装前要进行前处理。

对于镀锌金属表面有以下处理方法：

①黄膜铬酸盐处理。将锌材在含铬的酸性溶液上处理1min左右，以生成一层无机铬酸盐膜。

镀锌金属底材的特点及前处理方法

②磷酸盐处理。对镀锌底材进行磷化处理，使表面生成一层磷酸盐膜。

（3）铝及铝合金底材。铝是一种比较活泼、银白色、具有光泽的金属。纯铝的机械强度较低，若加入少量其他金属元素，如 Mg、Cu、Zn 等，则可制成各种类型的铝合金，机械强度会大大提高。随着车身轻量化的要求，许多车身上用铝材代替钢材制作车身覆盖件，甚至还出现了全铝车身，铝及铝合金底材在车身上的应用越来越普及。

铝及铝合金底材的特点及前处理方法

纯铝在常温、干燥的空气中比较稳定，这是因为铝在空气中与氧发生反应，在表面生成一层薄而致密的氧化膜，可以起到很好的保护作用。在铝中加入 Mg、Cu、Zn 等，虽然机械强度提高了，但耐腐蚀性却下降了，这就需要根据使用环境的要求，经过一定的表面处理，再涂装所需的涂料加以保护。

由于铝及铝合金底材表面比钢板的光滑，涂膜附着力差，所以在进行化学处理前，与其他金属板材一样，先要进行清洗，去掉油污和杂物。铝制品不像钢材能耐强碱的侵蚀，在清洗时，应注意不能使用强碱性的清洗液清洗，一般采用有机溶剂脱脂法、表面活性脱脂法，或用由磷酸钠、硅酸钠等配制的碱性清洗液清洗。

铝及铝合金板材在打磨过程中会产生铝粉尘，当其浓度达到一定程度时，遇到明火或火花容易导致爆炸，所以对于铝及铝合金底材的打磨应建立专用的铝材打磨车间，使用专用的铝干磨设备。

7. 汽车涂层的类别及作用

汽车涂层数随着车辆要求的不同而异，作为保护性和装饰性要求最高的轿车涂层，一般有以下几种形式的涂层结构：

（1）原厂涂层。汽车原厂涂层一般包括底漆层、中间涂层和面漆层 3 层，如图 2-10 所示。

（2）修补涂层。汽车修补涂层若采用标准的工艺，其结构如图 2-11 所示。如果采用简化的工艺，其结构如图 2-12 所示。

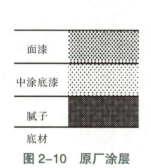

图 2-10　原厂涂层

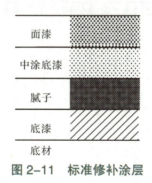

图 2-11　标准修补涂层

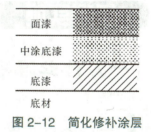

图 2-12　简化修补涂层

各涂层的主要作用见表 2-1。

表 2-1 汽车涂层的类型及主要作用

涂层类型		主要作用
底漆层		保护底材，防止锈蚀，提高附着力
中间涂层	腻子层	填补凹陷，恢复或塑造表面形状
	中涂底漆层	填补细小缺陷，封闭底漆层，提高丰满度
面漆层		提供颜色、亮度、机械性能和保护性能

8. 底材处理的工艺流程

底材处理的工艺流程如图 2-13 所示。

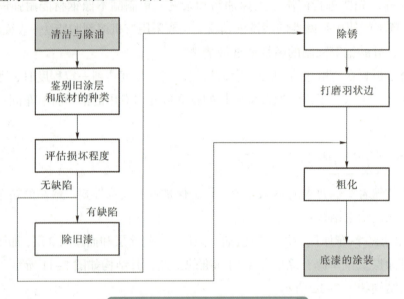

图 2-13 底材处理的工艺流程

任务实施

（一）作业准备

1. 工具设备准备

（1）手工清除工具。手工清除工具主要有尖嘴锤、铲刀、弯头刮刀、刮铲、锉刀及钢丝刷等（如图 2-14 所示），通过铲、刮、刷、锉等方式来清除金属表面的旧涂层、铁锈以及焊渣等。手工清除工具结构简单，容易操作，适应性强。但是，使用手工清除工具操作时劳动强度大、工作效率低，所以在底材处理作业中，一般将手工清除工具作为辅助工具使用，只在机械清除工具清除不到或机械清除工具不好操作的地方使用。

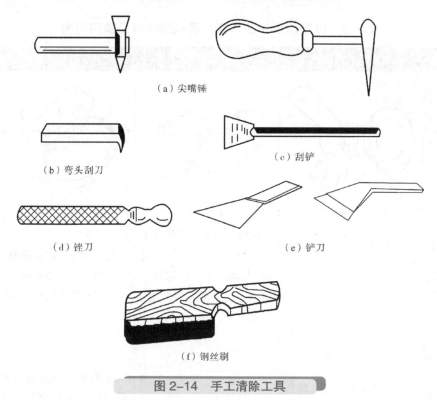

图 2-14 手工清除工具

（2）机械清除工具。机械清除工具主要指打磨机。打磨机在工作时以电力或压缩空气作为动力源，驱动打磨头旋转或移动，与钢丝刷、砂布、砂纸、砂轮等磨具配合使用，实现对表面旧涂层或铁锈的清除。

打磨机的种类很多，按打磨机的驱动方式可以分为电动打磨机与气动打磨机两种。由于气动打磨机具有结构简单、操作轻便、使用安全等特点，目前使用较多。

打磨机常用的分类方法是按照它的运动方式来划分，它可以分为单作用式、轨道式和双作用式 3 种，它们有不同的特点及适用范围（见表 2-2），在作业中应根据各类打磨机的特点合理选用，以达到最佳的打磨效果。

图 2-15 所示为一台典型的带吸尘装置的干磨系统，它由以下几部分组成：

①打磨设备：可以配备不同运动方式、不同形状及不同大小的打磨机以适应不同的打磨部位及工序。

②吸尘设备：收集打磨时产生的粉尘。根据吸尘方式的不同，吸尘设备可分为主动式吸尘与被动式吸尘（如图 2-16 所示）两种。

主动式吸尘设备是自带吸尘器的设备。工作时，它靠吸尘器的吸力将打磨产生的粉尘吸收干净。主动式吸尘设备又可以分为中央式多工位吸尘设备（如图 2-17 所示）与分离式单工位吸尘设备两种。中央式多工位吸尘设备使用大型吸尘器，吸尘效果好，使用寿命长，维护方便，适合维修量多、工作量大的企业使用。分离式单工位吸尘设备使用移动式吸尘器，吸尘效果好，使用方便，适合经常需要移动工位或维修业务量不多的企业使用。

表2-2 汽车涂装作业常用打磨机的特点及适用范围

类型	单作用式打磨机	轨道式打磨机	双作用式打磨机
运动方式			
特点	呈圆周运动，转矩大，作用力强，打磨速度快。打磨时不平稳，容易产生划痕	砂垫呈矩形，工作时整个砂垫以小圆圈方式振动，振动力小，容易控制，划痕少，研磨平整光滑，适合磨平	打磨垫本身以小圆圈振动，同时又绕自己的中心转动，所以兼有单作用式和轨道式打磨机的特点
适用工序	可以用来除旧漆、除锈等粗磨工作，也可以换上抛光垫之后用于抛光，如砂轮机、抛光机等都是单作用式打磨机	适合用来进行平面原子灰的整平打磨	适用于整个涂装打磨工序。一般根据打磨精度要求又制成不同振动幅度，常见的有7mm、5mm和3mm三种规格。振动幅度越大，打磨越快，但磨痕粗糙；振动幅度越小，打磨越慢，但磨痕精细

图2-15 干磨系统

图2-16 被动简易袋式吸尘打磨机

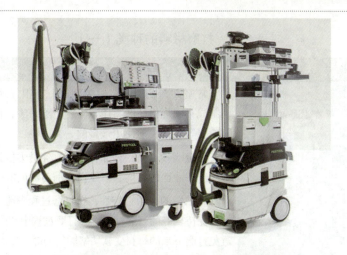

图 2-17 中央式多工位吸尘设备

被动式吸尘设备本身不带吸尘器,它靠打磨机工作时叶片轮的旋转产生吸力,将灰尘吸干净,所以其吸尘功率受打磨机转速影响,吸尘袋容量也有限,仅适用于工作量不大、粉尘不多的打磨作业。

③供气与吸尘软管:用来连接打磨机与吸尘设备的管道。

④辅助设备:辅助设备包括可以同时连接多根吸尘软管的三通管、过滤油水及调压的油水分离器、不同形状及软硬程度的磨垫等。

干磨系统的使用及维护注意事项如下:

①操作前和操作后应检查干磨系统各部分是否完好,特别是电源线、磨垫等部分。

②气动工具进气压力控制在 0.6MPa 以下,以防止气压太高造成损坏。

③气动工具使用的压缩空气应无水分,以防止水汽造成机械内部生锈损坏。

④必须使用与磨盘或衬垫尺寸相符的砂纸。

⑤打磨机连续使用时间超过 30min 应适当休息,以防止连续工作时间太长导致损坏。

⑥操作过程中如果出现异常声音或不正常的振动,应关机检查。

⑦打磨结束后,一定要等打磨机完全停止转动再放下。

⑧使用打磨机时应轻拿轻放,以防止砂轮或磨垫出现破裂,影响安全。

⑨打磨结束后应取下砂纸,同时将整个打磨机用风枪吹干净。

⑩每天工作完毕,往打磨机里面注入少许润滑油,并让打磨机低速运转,以进行润滑维护。

2. 主要材料的准备

(1)打磨材料。常用的打磨材料分类方法如下:

①按磨料的种类分类,见表 2-3。

表2-3 打磨材料的种类（一）

分类方法	类型	特点及用途
按磨料的种类分类	氧化铝磨料	非常坚韧，硬度高，耐久性好，能很好地防止破裂和钝化。可制成不同规格的磨料用于除锈、除旧漆、打磨腻子、打磨新/旧涂层等，是目前使用最多的一类磨料
	碳化硅磨料	又称金刚砂，是一种非常锐利、穿透力极强的磨料，呈黑色，常用于旧漆面的打磨，以及抛光前对涂面的砂磨
	锆铝磨料	具有独特的自磨刃特性，在打磨过程中能不断提供新的刃口，始终保持较好的打磨性能。在打磨过程中产生的热量少，能有效避免打磨下来的材料变软堵塞磨料间隙，影响打磨效果。正因为打磨效率高、使用寿命长，所以应用越来越广泛

②按打磨材料的形状分类，见表2-4。

表2-4 打磨材料的种类（二）

分类方法	类型		
打磨材料的形状	方形	圆形	异形
特点及用途	主要用于手工操作，以及轨道式打磨机	主要用于单作用式或双作用式打磨机	用于一些特别的机械或特别的打磨工序中

③按打磨材料的背衬材料分类，见表2-5。

表2-5 打磨材料的种类（三）

分类方法	类型		
打磨材料的背衬材料	砂纸	纱布	三维材料

分类方法	类 型		
特点及用途	背衬为纸质材料,主要用来制作水磨砂纸,使用前可以先用水浸泡一下,以防止砂纸脆裂,可以根据需要裁剪成不同大小	背衬为布纤维材料,主要用来制作干磨砂布,打磨机上使用的砂布一般采用快速搭扣式,使用方便	背衬为合成纤维制成的三维材料,磨料附着在三维材料上,有极好的柔韧性,适合打磨外形复杂或特殊材料的表面

④按砂纸上磨料颗粒的大小分类,见表2-6。

表2-6 打磨材料的种类(四)

砂纸编号	颗粒大小/μm	适用范围	
		干打磨	湿打磨
P24	1 200	粗磨工作,如打磨焊缝、焊渣,清除严重锈蚀部位等	不允许使用湿打磨方法除旧漆、除锈
P40	600	大面积的除旧漆、除锈	
P60	400		粗磨原子灰(规范操作中不允许水磨腻子)
P80	300	除旧漆、除锈、打磨羽状边、粗磨腻子等	
P120	170		
P150	150	中等程度的打磨腻子	中等程度的打磨腻子
P180	120		
P240	80	精磨腻子	精磨腻子
P280	65		
P320	55	中涂底漆层喷涂前的打磨	
P360	45		
P400	40	单工序面漆喷涂前的打磨	中涂层喷涂前的打磨
P500	35	双工序面漆喷涂前的打磨	单工序面漆喷涂前的打磨
P600	25		
P800~1000	15~20	修整面漆上的颗粒、流痕、橘皮等缺陷	双工序面漆喷涂前的打磨
P1200~1500	10以下	抛光前的精细打磨	抛光前的精细打磨

注:砂纸编号中的"P"表示欧洲使用的砂纸分级方法,目前在我国广泛采用。

(2)脱漆剂。汽车修补涂装中使用的脱漆剂又称洗涤剂、去漆剂等。它是利用成分中的强性溶剂,将涂层或旧漆溶胀以达到脱漆目的的液体或乳状物。

根据脱漆对象的不同,脱漆剂大致可以分为两大类:一类是以酮、苯、酯类有机溶剂和挥发阻缓剂石蜡配制而成的，主要用于清除油基、醇酸、硝基漆的旧涂膜；另一类是以二氯甲烷、石蜡、纤维素醚、醋酸为主要成分配制而成的，主要用于清除环氧沥青、聚氨酯、环氧聚酰胺或氨基醇酸树脂等旧涂膜。为了保证脱漆效果，一定要根据旧涂层的类型选用合适的脱漆剂。

（3）除锈水。化学除锈的方法很多，在汽车修补涂装中使用最多的是酸洗方法。金属的腐蚀产物主要是金属氧化物，酸洗就是利用酸溶液与这些金属进行氧化物反应，从而除掉金属表面的锈蚀产物。常用的酸性溶液有硫酸、盐酸、硝酸等。在汽车涂装行业中使用的除锈水一般是配制好的酸溶液。

3. 防护用品的准备

据前面学习的防护用品知识，完成表 2-7 所示的内容，在相关的栏里打"√"。

表 2-7 底材处理作业中的防护用品

工　序								
鉴别涂层种类								
评估损坏程度								
用化学法除旧漆								
用打磨法除锈								
化学法除锈								
打磨羽状边								
粗化								

（二）操作步骤

1. 鉴别旧涂层和底材的种类

如果没有正确地鉴别旧涂层或底材而盲目地进行施工，那么很容易出现新、旧涂层或新涂层与底材间的不配套，导致整个涂装作业返工。

1）鉴别旧涂层

汽车涂装作业中常用的鉴别旧涂层的方法有以下 3 种：

（1）涂抹溶剂法。

①穿戴好合适的防护用品。

②用棉纱浸硝基稀释剂，如图 2-18 所示。

③用棉纱在待涂表面的旧涂层上或车身隐蔽部位轻轻擦拭，如图 2-19 所示。

④观察棉纱和涂层表面状况，确定涂层类型：

a. 如果棉纱上沾有车身颜色或涂层出现溶解，说明旧涂层使用的是溶剂挥发型涂料，如图 2-20 所示。此种涂层在修补时要充分考虑新涂层中的溶剂成分是否会溶解原涂层，造成咬底、起皱等涂膜缺陷。

b. 如果摩擦不掉色或涂层没有出现溶解，说明旧涂层使用的是烘烤聚合型或双组分型涂料。此种涂层在修补时一般能经受新喷涂层中溶剂的溶解，施工时稍加注意可避免出现涂膜缺陷。

c. 如果原涂膜膨胀或收缩，说明旧涂层使用的是未完全硬固的烘烤聚合型或双组分型涂料。此种涂层在修补时也要考虑到新喷涂层中的溶剂是否会溶解原涂层，以致造成各种涂膜缺陷。

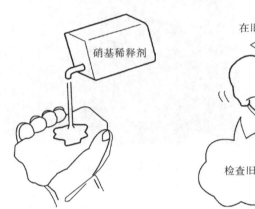 

图 2-18 用棉纱浸硝基稀释剂　　图 2-19 用棉纱轻轻擦拭　　图 2-20 检查棉纱状况

虽然聚氨酯型和烘烤型涂料通常不受溶剂影响，但是如果涂层固化不足或涂层变质，它们在受到摩擦时也会掉色或褪色，但程度会很轻。表 2-8 列出了几种类型的涂料与硝基稀释剂反应的情况。

表 2-8　不同涂料与硝基稀释剂反应的情况

涂料类型	对硝基稀释剂的反应	涂料类型	对硝基稀释剂的反应
热固性氨基酸醇酸	不溶解	CAB 丙烯酸清漆	溶解
热固性丙聚氨酯	不溶解	NC 丙烯酸清漆	溶解
丙酸聚氨酯	不溶解	—	—

（2）打磨法。

①穿戴好防护用品。

②用棉纱蘸少许粗蜡或用砂纸打磨漆面，如图 2-21 所示。

③观察棉纱或砂纸表面，若表面沾有有颜色的涂料，则说明漆面是单层式面漆，如图 2-22 所示；若没有沾上有颜色的涂料，则说明漆面是双层（色漆＋清漆）式面漆。若漆面表层结构粗糙，经摩擦后产生一种类似抛光的效果，则说明涂覆的是一种抛光型漆；假设用砂纸打磨漆面，漆层有弹性且砂纸黏滞，则说明是未完全固化的烤漆。

（3）检测硬度法。由于各种面漆干燥后涂层的硬度不同，可以通过指压或用指甲划的方法来检测。一般没有印痕的是固化较好的原厂漆或双组分型漆，有印痕的是自干漆或固化不好的双组分型涂料。

对于不耐溶剂、打磨掉色或硬度不高的旧涂层在重涂时最容易出现涂层不配套的问题，一般要经过封闭处理，但是最彻底的处理方法还是清除整个旧涂层。

图 2-21　打磨漆面

图 2-22　打磨后的效果

2）鉴别底材

汽车涂装作业中常见的底材鉴别方法如下：

（1）钢材的判断。钢板机械强度较高，表面比较粗糙，未经加工的表面一般呈灰黑色，有些部位会有铁锈存在。钢板表面经粗砂纸打磨后会显露白亮的金属光泽，但从侧面观察，颜色有些变暗。钢板耐强碱侵蚀的能力较强，使用强碱对经过打磨后的表面进行浸润或涂抹一般不会有太大的反应。

（2）镀锌板的判断。未经加工的镀锌板表面常有银色的光芒，有些镀锌板表面有鱼鳞状花纹。使用中的镀锌板表面没有锈蚀，裸露处常显现灰白色，经过砂纸打磨的地方比钢板表面更加白亮且侧光时变暗的程度也要轻一些；镀锌板不像钢板那样具有耐强碱侵蚀的特点，因此使用强碱浸润或涂抹时多会留下发黑的痕迹。

（3）铝及铝合金的判断。由于铝的机械强度较低，所以汽车车身均使用铝合金板材。铝合金板材的机械强度较好，但质量较轻，其表面比钢板和镀锌板光滑，且不耐强碱，经处理后表面形成氧化膜，打磨后可显露白亮的内层金属。在打磨后，在其表面涂抹强碱，可以比较准确地判断。

对于不同材质的底材，其表面的前处理方法是不一样的，其后续涂层涂料的选用也有所不同，一定要认真对待。

2. 评估涂层损坏程度

正确地评估涂层损坏程度，是确定维修成本、保证涂装质量的关键因素之一。只有对损坏程度进行正确的评估后，才能确定修补范围、各道处理工序的范围、过渡区域、需遮盖保护的部位、需拆卸的零件等，为正确实施后续工序及保证满意的修补质量奠定基础。评估涂层损坏程度的方法有目测评估法、触摸评估法和直尺评估法3种，一般在工作时需要综合使用。

（1）目测评估法。目测评估法的操作步骤如下：

① 将工件移至光线充足的地方。

② 根据光线照射工件表面的反射情况，来评估汽车车身涂层损坏程度及受影响的面积的大小，如图2-23所示。

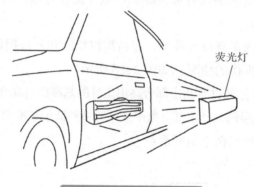

图2-23 目测评估法

③ 改变观察的角度，从不同方向检查变形。

④ 用记号笔将变形范围画出来。

此方法适合工件表面亮度较高的情况，对于无光泽或光泽不好的工件不易评估。

（2）触摸评估法。触摸评估法的操作步骤如下：

① 戴上手套（最好为棉质的）。

② 将平放在受损区域外的手慢慢向受损区域内移动，如图2-24所示，以感觉工件表面的平整度。如果手在移动时感觉工件表面不够平滑或跟其他没有损坏的工件表面的形状不同，即表示涂层有变形。

③ 从不同的方向按照操作步骤②的方法触摸受损区域，如图2-25所示，确定变形的范围及变形量。注意：在触摸时，手的移动范围要比受损区域大一点。

④ 用记号笔将变形范围画出来。

此方法能较好地利用手的感觉来判断凹陷变形的程度。对于初学者或手感较差的人，用此方法判断轻微的变形较困难。

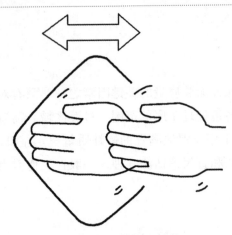
图 2-24 触摸评估法

图 2-25 从不同方向触摸以评估涂层损坏程度

（3）直尺评估法。直尺评估法的操作步骤如下：

①将一把直尺放在车身涂层没有被损坏的区域（损坏区域的对称部位），检查车身和直尺的间隙，如图 2-26 所示。

②将直尺放在被损坏的车身钣金件上，评估被损坏的和未被损坏的车身钣金件之间的间隙相差多少，并据此判断损伤的情况，如图 2-26 所示。

在用直尺评估时，如果损坏件有凸出部分高出工件的基准面，那么将影响评估操作及后续施工，所以此时应用冲子或尖嘴锤将凸出部分敲平或使其稍稍低于基准面，如图 2-27 所示。

此方法能较好地判断涂层微小的变形量。

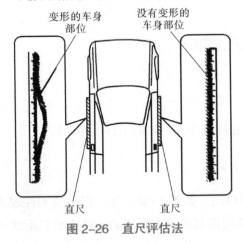
图 2-26 直尺评估法

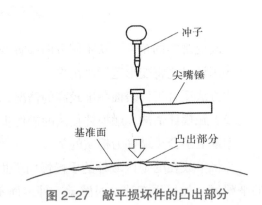
图 2-27 敲平损坏件的凸出部分

3. 清除旧涂层

变形区域内的旧涂层就算表面油漆状况再好，其涂层与底材的附着力也已经受到了不同程度的影响，为了保证涂装质量，应该在涂新涂层之前对所有变形区域内的旧涂层进行彻底的清除。但是对于没有受到影响的旧涂层或只是表面轻微氧化的旧涂层，为了简化涂装工艺，可以不用彻底地清除，只需要打磨掉表面氧化变差的部分即可。清除旧涂层的方法主要有打磨法和化学法两种。

（1）打磨法。打磨法就是利用打磨机、砂纸和一些手工清除工具来磨掉旧涂层。其操作步骤如下：

①穿戴好防护用品。

②选择合适的打磨机类型及砂纸型号，将砂纸孔对孔粘在打磨机的磨垫上，如图2-28所示。

清除旧涂层时一般建议使用单作用式打磨机配合P60~P80号砂纸进行打磨。如果旧涂层较薄，也可以使用7mm双作用式打磨机配合P80~P120号砂纸进行打磨。如果旧涂层特别厚，为了提高工作效率，也可以先使用单作用式砂轮机进行粗磨，等旧涂层被打磨得较薄时，再换用单作用式或双作用式打磨机配合适当型号的砂纸进行打磨。

③连接吸尘管和气管（如图2-29所示），连接气源、电源，打开吸尘器（如图2-30所示）和打磨机，确定设备运转正常。

图2-28 粘贴砂纸

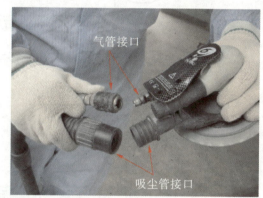

图2-29 连接吸尘管及气管

④调节打磨机的转速（如图2-31所示）。打磨机转速不宜太快，也不宜太慢：太慢影响打磨效率，太快不好控制。在打磨时可以根据情况进行适当调整。

图2-30 吸尘器开关

图2-31 调节打磨机的转速

⑤握紧打磨机，以磨盘与工件表面呈5°~20°夹角移向加工表面（如图2-32所示）。若凹陷较深，则可适当地加大角度，如图2-33所示。

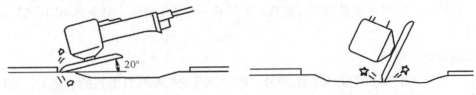

图 2-32　浅凹陷打磨的方法　　　　图 2-33　深凹陷打磨的方法

⑥按照图 2-34 所示的方法从左往右移动打磨机进行打磨。

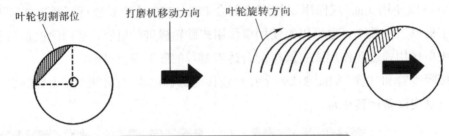

图 2-34　打磨机从左向右移动

⑦按照图 2-35 所示的方法从右往左移动打磨机进行打磨。

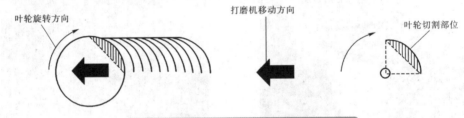

图 2-35　打磨机从右向左移动

⑧通过从左至右、从右至左往复打磨的方法清除受损区域的旧涂层。为了防止板材过热和变形，打磨机不要在同一个地方停留时间过长。

⑨检查受损区域内旧涂层打磨情况。如果还有旧涂层残留（如图 2-36 所示），应该继续使用打磨机进行清除，对于不好使用打磨机的地方应该结合手工清除工具（如铲刀、钢丝刷、锉刀和砂布等）将损伤部位的旧涂层全部清除干净，如图 2-37 所示。

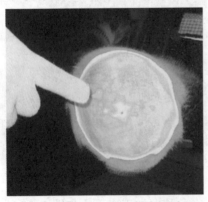 

图 2-36　打磨机打磨表面之后的效果　　　图 2-37　最后清除旧涂层的效果

（2）化学法。大面积的旧涂层需要清除时，采用打磨法既浪费时间，又可能引起板材的变形，此时采用化学法较为合适。使用化学法清除旧涂层的具体操作步骤如下：

①穿戴好防护用品，保证施工工位通风良好。

②在施工工件下垫上合适的地垫，防止脱落下来的旧涂层污染地面。

③将需要保护的部位用遮蔽胶带或遮蔽纸保护好（如图2-38所示），如工件上一些不好拆卸的装饰件、缝隙、相邻部位等。

④用P60或P80号砂纸打磨需脱漆表面（如图2-39所示），以便脱漆剂能很好地渗入涂层。

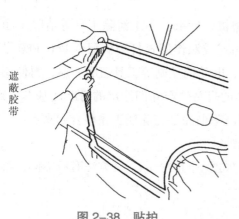

图2-38　贴护

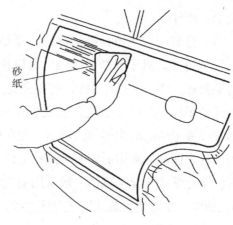

图2-39　打磨

⑤将脱漆剂按照产品使用说明调配好，倒在合适的容器里。

⑥用合适宽度的刷子蘸脱漆剂并均匀地刷到待处理旧涂层表面上（如图2-40所示），同时尽快用刷子把脱漆剂刷展开。

⑦按照产品说明的要求，放置一段时间，让涂膜充分溶胀。

⑧待涂膜溶胀鼓起后，用铲刀轻轻地将旧涂层铲除，如图2-41所示。

涂膜较厚或硬度较高时，不能一次将旧涂膜彻底溶胀，所以需要按照步骤⑤~⑧重复几次，直至彻底地将整个旧涂层清除干净。

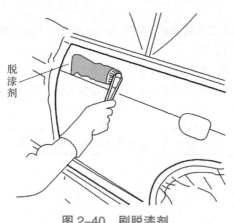

图2-40　刷脱漆剂

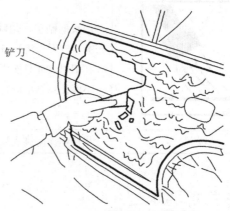

图2-41　铲除旧涂层

⑨旧涂层完全脱掉以后，用除油剂彻底清洁工件表面。为了防止脱漆剂残留在工件表面，影响后续施工，应该用除油剂多清理几遍，同时仔细地检查边角、缝隙等地方。

⑩清理地垫，撕掉车身上的遮蔽胶带。

4. 除锈

工件在使用过程中，涂膜损坏、碰撞损坏、不合理的维修过程或除旧涂层之后没有及时处理等，会使工件表面的金属与空气中的氧气或水产生化学反应，生成金属氧化物，即生锈，因此在涂装前必须进行除锈，以保证金属表面获得良好的附着力。主要的除锈方法有打磨法和化学法两种。

（1）打磨法。使用打磨法除锈，也是利用打磨机、砂纸、手工清除工具等清除干净工件表面的锈蚀。对于轻微的锈蚀，可以使用单作用式或双作用式打磨机配合 P60~P80 号砂纸打磨处理；对于严重的锈蚀，可以先使用砂轮机、电动钢丝刷等工具粗磨一遍，再使用双作用式或单作用式打磨机配合砂纸细磨一遍。除锈的打磨法与除旧涂层的打磨法基本一致，具体步骤参考清除旧涂层的内容。一般在作业时将清除旧涂层与除锈工序整合起来操作，在除掉工件表面的旧涂层的同时也除掉工件表面的锈蚀。

（2）化学法。化学除锈一般采用酸洗的方法，根据不同的产品，其方法有所不同，某品牌的 P800-127 除锈水施工工艺见表 2-9。

表 2-9　P800-127 除锈水施工工艺

适用底材	裸钢材和裸铝材表面，不能用于任何镀锌板材
	P800-127：1 份 水：2 份 用聚乙烯或橡胶器皿盛装
	用长柄刷子均匀刷涂在金属表面，在坑洼的金属表面用铁丝球或菜瓜布蘸少许混合溶液进行打磨； 在铝材表面只能用菜瓜布蘸混合溶液进行打磨； 不能让除锈溶液自行干燥，应用洁净水清洗金属表面，并立即擦净
重涂	尽快喷涂防腐底漆，针对铝材表面，应先喷涂耐用侵蚀底漆

5. 打磨羽状边

旧涂层的边缘是很厚的，特别是重新喷涂过和刮过腻子的涂层，为了产生一个宽的、平滑的边缘，使施涂的各涂层平滑过渡，需要对涂层的边缘进行打磨，这道工序称为磨缘，又称打磨羽状边。

打磨羽状边的具体操作步骤如下：

（1）穿戴好防护用品。

（2）将P120号干磨砂纸正确粘贴在振幅为7mm的双作用式打磨机上，并调节好转速。

（3）将打磨机平放在工件上，让砂纸一半的面积正好压在旧涂层边缘，另一半放在损伤区域内。

（4）启动打磨机，按照打磨机旋转的方向沿旧涂层边沿移动（如图2-42所示），将旧涂层边沿磨出合适宽度的坡口，如图2-43所示。

对于原厂漆一般要求坡口宽度不小于30mm，因为修补过的涂层比原厂漆涂层厚，所以每个涂层经修补后，涂层坡口的宽度至少不小于10mm，以用手触摸坡口，感觉没有明显的台阶和较陡的坡度为原则。

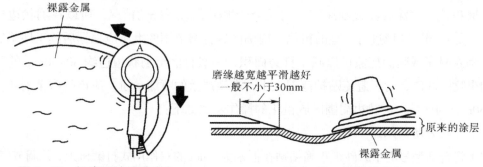

图 2-42 打磨机的移动方向　　　　图 2-43 磨缘的宽度

在打磨过程中如果按照图2-44和图2-45所示的方法打磨，将导致裸金属区域范围越磨越大，而不会产生较宽的羽状边。

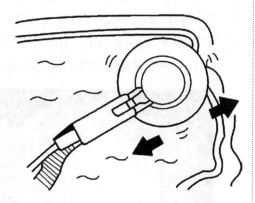

图 2-44 不正确的打磨角度　　　　图 2-45 不正确的移动方向

（5）检查打磨效果。确保所有边缘没有明显台阶，涂层边缘圆滑，如图2-46所示。

图 2-46 打磨好的羽状边效果

6. 羽状边周围区域的粗化

在喷涂底漆或刮涂腻子的过程中，会不可避免地扩大范围至羽状边外，如果对外围不进行打磨粗化，喷涂底漆或刮涂腻子之后会产生附着力不好的情况，所以在羽状边打磨完后，一定要对周围区域进行合理的粗化。周围区域打磨范围的大小应根据后续工序确定，如果直接刮涂腻子或喷涂底漆可以减小打磨面积，一般打磨至羽状边边缘 30~50mm 的区域即可。如果喷涂底漆，为了避免贴护范围太小，产生严重的喷漆台阶，应该打磨至羽状边边缘 100~150mm 的区域。羽状边周围区域粗化的操作步骤如下：

（1）穿戴好防护用品。

（2）将合适型号的干磨砂纸正确粘贴在振幅为 7mm 的双作用式打磨机上，并调节好转速。

干磨砂纸的选用应根据后续涂层来决定。如果直接刮涂腻子，可以在打磨完羽状边之后，利用 P120 号干磨砂纸和 7mm 双作用式打磨机进行打磨；如果喷涂底漆，应该选用 P180~P240 号砂纸配合双作用式打磨机进行打磨。

（3）将打磨机平放在需打磨的位置，启动打磨机，将周围的旧涂层磨至完全没有光泽即可，如图 2-47 所示。切记：不可过度打磨，以免形成新的不平。

（4）用风枪和擦拭布将工件表面清洁干净，完成表面前处理工作，如图 2-48 所示。

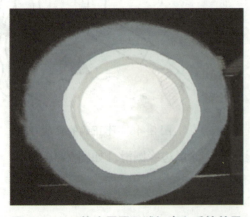

图 2-47 羽状边周围区域打磨之后的效果

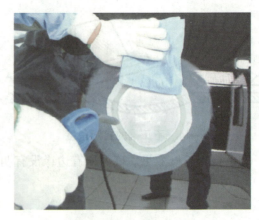

图 2-48 清洁工件

学习小结

1. 涂装的概念及作用

涂装是指将涂料涂覆于经过处理的物体表面上,再经过干燥成膜的工艺过程。已经固化的涂料膜称为涂膜,由两层或两层以上的涂膜组成的复合层称为涂层。

汽车涂装的作用:保护作用、装饰作用和特殊作用。

2. 汽车涂装的特点

(1)汽车涂装属于高级保护性涂装;
(2)汽车涂装属于中、高级装饰性涂装;
(3)汽车涂装是最典型的工业涂装;
(4)汽车涂装一般为多涂层涂装。

3. 汽车修补涂装的特点

(1)汽车修补涂装属于恢复性涂装;
(2)汽车修补涂装比较复杂;
(3)汽车修补涂装质量要求高;
(4)汽车修补涂装以手工操作为主。

4. 汽车涂装的分类

汽车涂装根据涂装部位的不同可以分为车身外表涂装、车厢内部涂装、车身骨架涂装、底盘部件涂装、发动机部件涂装和电气设备涂装。

汽车修补涂装主要是车身部位的涂装,根据修补部位和修补面积的大小又可以分为全车修补涂装、局部修补涂装和板块修补涂装。

5. 底材处理的含义及目的

底材处理指的是在进行涂装前(包括腻子的涂装)对底材表面的相关处理工作,一般包括清洁、除油、除锈、除旧漆、粗化、打磨羽状边等工序。

涂装前进行底材处理的主要目的是增强后续涂层在底材上的附着力、提高后续涂层的抗腐蚀能力、防止后续涂层出现涂膜缺陷。

6. 汽车车身常用金属材料的特点及前处理方法

(1)钢板底材。其易氧化锈蚀,为增强钢板的耐腐蚀能力,可以采用酸性金属处理液进行处理。

(2)镀锌金属底材。氧化锌稳定性好,但若直接在镀锌钢板上刮涂聚酯腻子或喷涂普通底漆,锌就会与涂料的基料反应生成金属盐。处理方法有黄膜铬酸盐膜处理和磷酸盐膜处理两种。

(3)铝及铝合金底材。纯铝相对稳定,铝合金耐蚀性差。不能使用强碱性的清洗液清洗,一般采用有机溶剂脱脂法、表面活性脱脂法,或用由磷酸钠、硅酸钠等配制的碱性液清洗。对于铝及铝合金底材的打磨应建立专用的铝材打磨车间,使用专用的铝干磨设备。

7. 汽车涂层类别及作用

(1)原厂涂层:底漆层、中间涂层和面漆层。

(2)修补涂层:底漆层、腻子层、中涂底漆层、面漆层(标准修补涂层);底漆层、中涂底漆层、面漆层(简化修补涂层)。

①底漆层的作用:保护底材,防止锈蚀,提高附着力。

②腻子层的作用:填补凹陷,恢复或塑造表面形状。

③中涂底漆层的作用:填补细小缺陷,封闭底层,提高丰满度。

④面漆层:提供颜色、亮度、机械性能、保护性能。

8. 底材处理的工艺流程

底材处理的工艺流程如图 2-13 所示。

9. 底材处理任务实施

(1)鉴别旧涂层和底材的种类;

(2)评估涂层损坏程度;

(3)清除旧涂层;

(4)除锈;

(5)打磨羽状边;

(6)羽状边周围区域的粗化。

任务评价

任务评价见表 2-10。

表 2-10 底材的处理操作考核评价表

考核项目	评分标准	分数	学生自评	小组互评	教师评价	备注
团队合作	是否和谐	5				
活动参与	是否积极主动	5				
任务方案	是否正确、合理	15				
安全生产	有无安全隐患	10				

续表

考核项目	评分标准	分数	学生自评	小组互评	教师评价	备注
操作过程	（1）工具、设备、材料准备； （2）鉴别旧涂层和底材的种类； （3）评估涂层损坏程度； （4）清除旧涂层； （5）除锈； （6）打磨羽状边； （7）羽状边周围区域的粗化	30				
任务完成情况	是否圆满完成	5				
工具使用情况	是否规范标准	10				
劳动纪律	能否严格遵守	5				
现场 5S 管理	是否做到	10				
工单填写	是否完整、规范	5				
总　　分		100				
教师签名	年　　月　　日				得分：	

项目三
腻子的刮涂及打磨

项目导入

经过底材处理的车门,如果表面非常平整,接下来可以进行中涂底漆或面漆的喷涂;如果不平整,需要对底材进行合适的整平工作,即通过刮涂腻子来恢复工件表面的形状。

本项目通过介绍腻子的刮涂及打磨,使读者掌握腻子的刮涂及打磨作业流程。

图 3-1 和图 3-2 所示为腻子刮涂及打磨前、后效果对比。

图 3-1 腻子刮涂、打磨前的效果

图 3-2 腻子刮涂、打磨后的效果

项目三　腻子的刮涂及打磨

》学习目标《

知识目标

（1）能够了解腻子的作用及汽车涂装用腻子的要求。

（2）掌握常用腻子的种类与用途。

技能目标

（1）能够规范地使用和维护相关的工具和设备。

（2）根据腻子施涂工艺进行腻子的刮涂及打磨作业。

素养目标

（1）了解安全操作要求，重视人员身体安全与防护，养成安全文明操作的习惯。

（2）养成组员之间相互协作的习惯。

》项目任务《

腻子的刮涂及打磨

》任务目标《

（1）能够了解腻子的作用及汽车涂装用腻子的要求。

（2）掌握常用腻子的种类与用途。

（3）能够规范地使用和维护相关的工具和设备。

（4）根据腻子施涂工艺进行腻子的刮涂及打磨作业。

腻子的刮涂及打磨

》知识准备《

1. 腻子的作用及其必须具备的性能

腻子是一类含有大量体质颜料的膏状或厚浆状的涂料，它由树脂、颜料（主要是体质颜料）、溶剂和助剂等物质组成，如图3-3所示。

图 3-3 腻子

腻子主要用来填平底材上的凹坑、缝隙、孔眼、焊疤、刮痕以及加工过程中产生的物面缺陷等,以达到恢复或塑造工件表面形状的目的。

由于汽车涂装要求的高级保护性及装饰性,在汽车上使用的腻子必须具备以下性能:

(1)与底漆、中涂底漆及面漆有良好配套性,不发生咬底、起皱、开裂、脱落等现象,有较强的层间黏合力。

(2)具有良好的刮涂性能,垂直面涂装性能良好,无流淌现象,有一定韧性,附着力好,刮涂时腻子不反转,薄涂时腻子层均匀光滑。

(3)打磨性良好,腻子层干燥后软硬适中,易打磨,不粘砂,能适应干磨或湿磨。打磨后腻子层边缘平整光滑且无接口痕迹。

(4)干燥性能良好,能在规定时间内干燥。

(5)形成的腻子层要有一定韧性和硬度,以防汽车行驶中的振动引起原腻子层开裂、轻微碰撞引起低凹或划痕。

(6)具有较好的耐溶剂和耐潮湿性,否则会引起涂层起泡。

2. 腻子的种类与用途

腻子的种类很多,常用的汽车修补涂装用腻子见表 3-1。

汽车涂装用腻子的性能要求

表 3-1 常用腻子的特点及适用范围

品 种	主要特点	适用范围
普通腻子	多为聚酯树脂型,膏体细腻,附着力强,可常温固化,干燥速度快,有一定硬度,收缩性好,不容易开裂,容易施工,容易打磨,填充能力强	适用于旧涂层、裸钢板等大多数底材表面; 不适用于镀锌板、不锈钢板、铝板以及经磷化处理的裸金属表面等

续表

品　种	主要特点	适用范围
合金腻子	除具有普通腻子的一切性能外，比普通腻子拥有更好的附着力、防腐性及力学性能等	除可用于普通腻子所适合的一切场合，还可以直接用于镀锌板、不锈钢板和铝板等裸金属（不必首先施涂隔绝底漆），不适用于经磷化处理的裸金属表面
纤维腻子	填充材料中含有纤维物质，干燥后质量轻，附着能力和硬度很高，可以厚涂，但表面呈多孔状，打磨后需要用普通腻子进行填平	可以直接填充直径小于50mm的孔洞或锈蚀而无须钣金修复，对孔洞的隔绝防腐能力也很强 用于较深金属凹陷部位的填补，效果非常好
塑料腻子	调和后呈膏状，可以刮涂，也可以揿涂，干燥后像软塑料一样，与底材附着良好。干燥后质地柔软，打磨性良好	适用于一般塑料制品的填补
幼滑腻子（又称"填眼灰"）	以单组分产品较为常见。其膏体细腻，填补能力较差，不耐溶剂，不能大面积刮涂使用。干燥时间很短，干燥后较软，易于打磨。适合填补小针孔或划痕	一般在打磨完中涂层后，喷涂面漆之前使用，主要用途是填补极其微小的坑、眼、砂纸痕等，可提高面漆的装饰性

3. 腻子涂装的工艺流程

腻子涂装的工艺流程如图3-4所示。

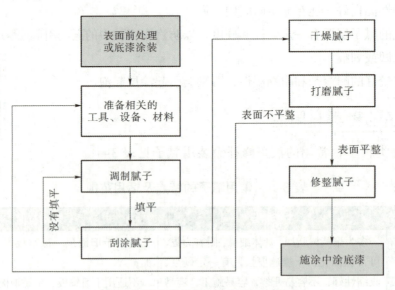

图3-4　腻子涂装的工艺流程

任务实施

（一）作业准备

1. 工具设备的准备

1）刮刀与调灰盘

（1）刮刀。刮刀是用来将腻子刮涂到工件上的手工工具，如图3-5所示。根据其制作材料的不同，可以分为橡胶刮刀、塑料刮刀、金属刮刀等；根据其软硬程度可分为硬刮刀和软刮刀。其中，硬刮刀由于有一定的硬度，易刮涂平整及填充缺陷，所以适用于刮涂大的凹坑及平面部位。软刮刀由于有一定的柔韧性，所以适用于刮涂非平面部位。

刮刀可以根据需要制成不同规格、不同软硬程度，加工方便，通用性强，目前金属刮刀使用较多。刮刀的一般握法如图3-6所示。使用刮刀时要注意以下几点：

①刮刀的刮口要保持平直，在使用或清洗时不能使刀口出现齿形、缺口、弧形、弓形等。如果出现变形，在刮涂时就很难将腻子刮平、刮好。

②在每次使用完毕之后，应先用刮刀相互铲除干净，再用毛刷蘸溶剂清洗掉残留的腻子。一定要避免腻子固化在刮刀上，否则很难清除干净，影响下次使用，还有可能导致刮刀变形。

图3-5 刮刀

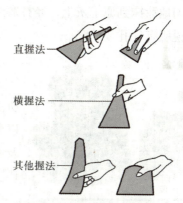

图3-6 刮刀的一般握法

（2）调灰盘。调灰盘的主要作用是盛放原子灰，如图3-7所示。根据其制作材料的不同，可以分为钢板类、塑料板类、木板类等。根据需要也可以制成不同的规格和形状。

2）电子秤

电子秤主要用来称重，如图3-8所示。在腻子的刮涂及打磨工序中使用电子秤主要是为了确定腻子与固化剂的比例。

3）红外线烤灯

红外线烤灯的主要作用是加速涂层干燥，提高工作效率，如图3-9所示。由于汽车涂装作业的特殊性，要求加热装置具有移动性、可变性，因此红外线烤灯一般做成独立开关控制，以便调节方向、部位、烘烤温度及烘烤时间，以及控制预热、加热过程的形式。

图 3-7　调灰盘　　　　　图 3-8　电子秤　　　　　图 3-9　红外线烤灯

红外线烤灯根据其红外线波长不同，可以分为近红外线烤灯和远红外线烤灯两种，远红外线烤灯比近红外线烤灯的烘烤速度快，烘烤质量更高。

4）碳粉指示剂

碳粉指示剂的主要作用是显示涂层缺陷，如图 3-10 所示。使用时，用海绵将黑色的碳粉均匀地涂抹到原子灰上，经打磨之后，原子灰高的部位的碳粉被打磨掉，残留有碳粉的部位，说明有气孔或凹陷。

图 3-10　碳粉指示剂

5）手工打磨块

手工打磨块的主要作用是手工打磨及修整涂层，图 3-11 所示为各种类型的手工打磨块。根据其制作材料的不同，可以分为橡胶类的打磨块、塑料类的打磨块、海绵类的打磨块及木制打磨块。根据其软硬程度的不同，又可以分为硬打磨块、中等弹性打磨块及软打磨块。

（1）硬打磨块一般用来打磨平面或进行整平作业时。

（2）中等弹性打磨块的主要作用是利用它的柔韧性来打磨棱角和非平面部位。

（3）软打磨块一般在精细打磨时使用，如在抛光漆面之前打磨细小的颗粒和橘皮等，这样不易对漆面造成较大的伤害。

各种类型的打磨块可以根据需要做成不同大小、形状，以利于操作。在进行手工干打磨时，为了避免粉尘过多，最好使用带吸尘功能的打磨块。

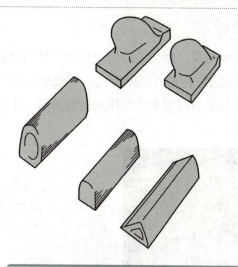

图3-11 各种类型的手工打磨块

6)干磨系统

干磨系统的相关知识参见项目二的相关内容。在打磨腻子时主要使用的干磨设备有轨道式干磨机(如图3-12所示)、双作用式干磨机(如图3-13所示)及吸尘设备(如图3-14所示)等。

图3-12 轨道式打磨机

图3-13 双作用式干磨机

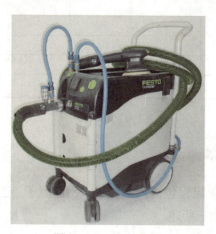

图3-14 吸尘设备

2. 主要材料的准备

（1）腻子。根据前面所学知识，结合工件的材质和工件表面的情况，在填补凹陷时选用普通腻子、合金腻子或塑料腻子；在填补细微针孔、划痕时选用幼滑腻子或纤维腻子。

（2）砂纸。根据在打磨腻子的过程中需要用到的打磨块、打磨机类型，准备好各种规格、型号的砂纸，如图 3-15 所示。

图 3-15 各种型号、规格的砂纸

（3）其他材料。其他材料包括除油剂、稀释剂、抹布和擦拭布等。

3. 防护用品准备

根据前面学习的防护用品知识，完成表 3-2 的内容，在相关的栏里打"√"。

表 3-2 腻子的刮涂及打磨作业中的防护用品

工序								
搅拌								
调制								
刮涂								
干燥								
打磨								
修整								
清洁								

（二）操作步骤

腻子的刮涂及打磨的作业流程包括调制腻子、刮涂腻子、腻子干燥、打磨腻子和修整腻子。它们的操作方法及步骤如下所述。

1. 调制腻子

（1）穿戴好合适的防护用品。

（2）根据底材材质及表面状况选择合适的腻子类型。本次作业的工件底材为镀锌板，在裸露金属上已经施涂过防锈底漆（环氧底漆），所以可以选择普通型聚酯腻子进行刮涂；如果没有施涂防锈底漆，在裸露金属面积较小的情况下，也可以直接刮涂合金腻子。

（3）根据选用的具体产品，查阅相关资料或技术说明，确定混合比。

（4）检查需要覆盖的面积及变形程度，确定腻子的用量。注意：检查时不能用手触摸，避免手或手套上的油污、汗渍污染待施工表面。

（5）用钢直尺或搅拌杆将腻子搅拌均匀（如图3-16所示），对于装在软管中的固化剂，可以采用挤压的方法将其挤出（如图3-17所示）。

图3-16 搅拌腻子

图3-17 挤压固化剂

（6）打开电子秤，将调灰盘平放在电子秤的托盘上，然后将电子秤清零，如图3-18所示。

（7）根据估计的量用刮刀挑出腻子，置于调灰盘上，按产品说明上的混合比加入适量的固化剂，如图3-19所示。

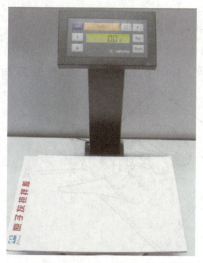

图3-18 将电子秤清零

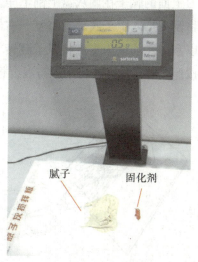

图3-19 根据混合比称量腻子及固化剂

项目三 腻子的刮涂及打磨

（8）调和腻子。

①用刮刀的尖端将固化剂挑入腻子，如图3-20所示。

②用刮刀的尖端将固化剂按图3-21所示的方法在腻子里进行搅合，使二者充分混合。

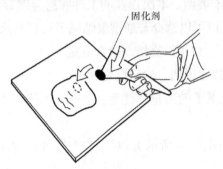

图3-20 挑起固化剂

图3-21 混合腻子

③如图3-22所示，用刮刀铲起左侧1/3的腻子，以刮刀右前端为支点，翻转至其余腻子上，如图3-23所示。

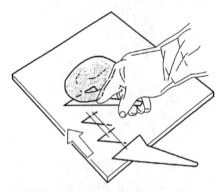

图3-22 从左侧铲起腻子

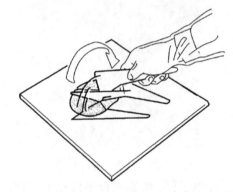

图3-23 往右侧翻转腻子

④将刮刀与混合板呈小角度往回收，同时向下压制腻子，如图3-24所示。回收至末端时将刮刀上面的腻子在调灰盘上刮干净。

⑤将刮刀插入腻子底部，将腻子右侧1/2的腻子铲起，如图3-25所示。

⑥以刮刀左前端为支点将腻子翻转，如图3-26所示。

⑦按照步骤④的方法将刮刀与混合板呈小角度往回收，并向下压制腻子，如图3-27所示。

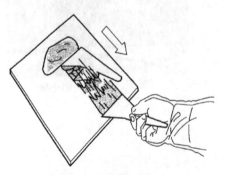

图3-24 压制腻子（一）

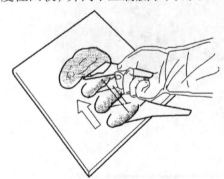

图3-25 从右侧铲起腻子

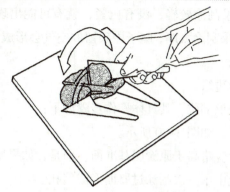

图 3-26 往左侧翻转腻子

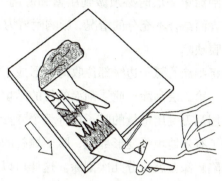

图 3-27 压制腻子（二）

⑧重复步骤③~⑦，直至将腻子拌和均匀。

检查腻子是否调和均匀的方法就是看腻子的颜色是否一致，如果颜色不一致，就表明没有混合均匀。

> ⚠️ **注意事项**
>
> 调和腻子时动作一定要快。因为腻子添加了固化剂之后，一般使用寿命只有几分钟，而且环境温度越高，使用寿命越短，在调和时花费的时间越长，可刮涂的时间越短，甚至有时还没调和好就已经固化。

2. 刮涂腻子

腻子的刮涂方法要根据刮涂部位的形状确定，现以常见的平面部位和有棱角线部位的刮涂来介绍腻子的刮涂方法。

1）平面部位的刮涂方法

（1）第一层涂刮。此层刮涂的目的是让腻子与底层充分结合。其具体操作步骤如下：

①用刮刀挑出少许混合好的腻子并填充到变形区域，如图 3-28 所示。

②用力将腻子按顺序压实并薄刮到变形区域，如图 3-29 所示。如果变形区域有小凹坑或缝隙等，应先用刮刀尖将腻子填充，再满刮。

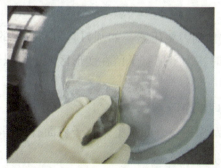

图 3-28 第一层填充腻子

图 3-29 第一层压实薄刮层

在刮涂第一层时必须做到压紧和薄刮。如果刮涂较轻，没有压紧，就有可能出现腻子与底材表面结合不充分的情况，影响附着力；如果刮涂太厚，腻子中残留的空气会形成气孔，造成涂膜缺陷。

③将刮涂的腻子边缘部位收薄，形成平滑的边缘。

（2）第二层刮涂。此层刮涂的目的是填平变形部位。其具体操作步骤如下：

①用刮刀挑出适量的腻子填补整个变形区域，如图3-30所示。

为了有效地填平变形部位，腻子填补的高度应略高于原涂层基准面。但是，如果变形严重，凹陷较深，就应分几次刮涂。这样可以避免由于一次刮涂过厚而形成气孔。

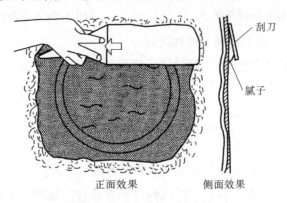

图 3-30　第二层填充腻子

②按图3-31和图3-32所示顺序及方法依次收平腻子。

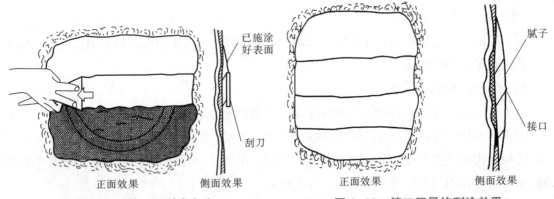

图 3-31　第二层刮涂方法　　　　　图 3-32　第二层最终刮涂效果

在进行收平作业时，一般应靠近边缘的部位且刮刀要压紧，如刮刀起刀和收刀的部位，这样可以形成较平滑的台阶。在移动至中间部位时，为了把腻子留在变形区域，可以适当地减轻手上的力度。

③收薄腻子边缘，并将工件上遗留的腻子清理干净。

④待腻子表面干燥之后，检查腻子是否已经刮涂平整，如果整个腻子表面有比基准面低的部位，就需要再次调配及刮涂腻子，直至将整个变形区域填平。

（3）第三层刮涂。此层刮涂的目的是收光腻子表面，填充砂孔及刮痕。腻子刮涂较厚时，表面针孔及刮痕比较多，表面比较粗糙，收光之后不仅可以得到更细腻的腻子表面，而且更容易打磨。其具体操作步骤如下：

①取少量腻子用力填充进砂孔及刮痕缝隙部位。

②按顺序压实并薄刮一层，形成光滑平整的表面，如图3-33所示。

③收光边缘。

④清理刮刀及调灰盘，完成刮涂。

经过多层腻子的刮涂，变形区域基本上恢复原来的形状和平面度。在刮涂腻子时要注意以下几点：

①腻子刮涂的方向要根据损伤部位的形状及工件的形状来决定，图3-34所示为常见的刮涂部位的形状及刮涂方法。

图3-33 第三层收光表面效果

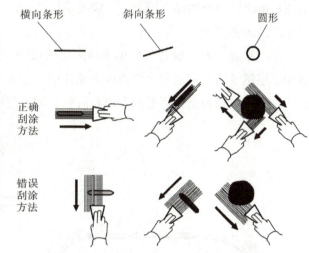

图3-34 常见的刮涂部位的形状及刮涂方法

②如果刮刀在各道施涂中仅向一个方向移动，腻子高点的中心就有所移动，如图3-35所示。这种情况很难打磨，所以刮刀在最后一道刮涂中必须反向移动，以便将腻子高点移回中央，如图3-36所示。

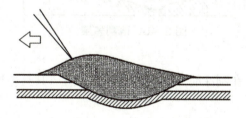

图3-35 腻子只向一个方向刮涂的效果

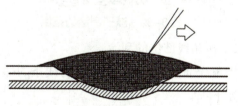

图3-36 腻子反向刮涂之后的效果

③刮完的腻子必须比原来的表面高，如图3-37所示，但是只能略微高一点，如果太高，则在打磨过程中要花费许多时间和力气来清除多余的腻子。

刮涂后的表面不能形成周围高、中间低的形状，如图3-38所示，这样更难打磨，而且中间部位有可能刮不起来。

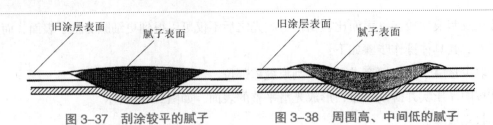

图 3-37 刮涂较平的腻子　　　图 3-38 周围高、中间低的腻子

④腻子施涂在工件表面上的范围，必须控制在磨毛区范围内，如图 3-39 所示。如果刮涂超出这个范围，腻子就粘不牢，日后可能剥落，或在打磨时很难形成平滑的腻子边缘。

⑤施涂腻子要快，必须在混合以后大约 3min 内施涂完。如果花费时间太长，腻子就可能在该道施涂完成前固化，影响施涂。

⑥腻子在固化过程中会产生热，如果将混合后的多余腻子立即放进垃圾筒里，腻子产生的热可能引燃易燃物品。因此，一定要确认腻子已经凉透，才能将之弃置（或丢弃在盛放有清水的垃圾桶里）。

⑦刮涂腻子时一般建议采用薄刮多层的做法，这样可以有效避免厚涂产生气泡等缺陷。刮涂多层腻子时后一层刮涂的范围必须比前一层大，也就是后一层刮涂时必须完全覆盖前一层，这样可以避免刮完后形成多级台阶状，增加打磨的难度，如图 3-40 所示。

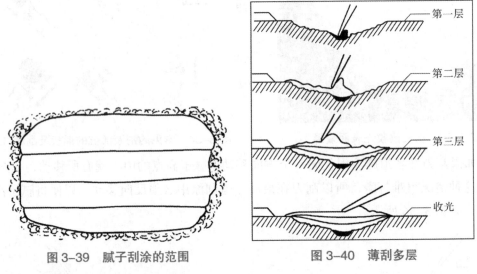

图 3-39 腻子刮涂的范围　　　图 3-40 薄刮多层

2）棱角线部位的刮涂

棱角线部位就是刮涂的面上有线条的部位，在刮涂时要同时将线条刮平直。其具体操作步骤如下：

（1）沿棱角线贴上遮蔽胶带，盖住一侧。

（2）按照平面部位刮涂的方法对另一侧施涂腻子，如图 3-41 所示。

（3）待施涂的腻子半干时，揭去遮蔽胶带，如图 3-42 所示。

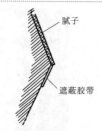

图 3-41　刮涂一侧腻子　　　　图 3-42　揭去遮蔽胶带

（4）沿施涂过腻子的棱角线贴上遮蔽胶带，如图 3-43 所示。

（5）对剩下的一侧施涂腻子，如图 3-44 所示。

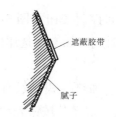

图 3-43　贴遮蔽胶带　　　　图 3-44　刮涂另一侧腻子

（6）待施涂的腻子半干时，揭去遮蔽胶带。

3. 腻子干燥

腻子的干燥方法有自然干燥和烘烤干燥两种。

（1）自然干燥。自然干燥就是将刮好的工件放在室温条件下自行干燥，干燥时间随着环境温度的变化而变化。温度越高，干燥越快；温度越低，干燥越慢。不同产品的干燥时间不尽相同。一般采用自然干燥时，环境温度不宜低于 15℃，否则建议采用加速干燥的方法。

（2）烘烤干燥。烘烤干燥是利用加热设备对刮涂部位进行烘烤，它可有效缩短干燥时间。在烘烤干燥时常采用的加热设备是红外线烤灯，如图 3-45 所示。

红外线烤灯的使用方法及操作步骤如下：

①调整角度。通过调节升降装置、旋转烤灯方向、移动工件等方法，让其灯管正好对着需要烘烤的部位。

②调整距离。为了避免距离过近，温度过高，导致腻子涂层起泡、开裂，一般要求烤灯管与工件的距离不小于 50cm。

③连接好电线，打开烤灯上的电源开关。

④调节温度。温度控制按钮如图 3-46 所示。一般建议，在烘烤腻子涂层时，烘烤温度不超过 50℃。

图3-45 烘烤干燥用的红外线烤灯

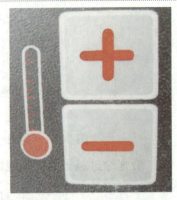

图3-46 温度控制按钮

⑤调节时间。时间控制按钮如图3-47所示。根据腻子产品的特性、刮涂厚度及面积大小等因素调节烘烤时间。如本次选用的某品牌P551~1050普通腻子，用红外线烤灯烘烤5~15min 就可以干燥。

⑥选择加热模式。加热模式一般有直接加热和预加热两种。如图3-48所示，"脉冲"按钮表示预加热模式；"常规"按钮表示直接加热模式。一般油漆涂层和腻子涂层在刚开始烘烤时，为了避免升温过快，导致涂膜出现针孔或痱子，可以先进行5~10min 的预热，再直接加热至完全干燥。

图3-47 时间控制按钮

图3-48 加热模式控制按钮

检查腻子是否完全干燥有以下两种方法：

a. 用砂纸检查。先用P80或P120号砂纸轻轻打磨腻子边缘较薄的地方，再用毛刷轻轻地刷粘在砂纸表面的颗粒。能刷干净，表明干燥较好；不能刷干净且还有很多颗粒粘在砂纸上面，表明干燥不彻底。

b. 用手检查。用指甲轻轻地划过腻子边缘较薄的地方，如果划痕较浅且呈白色，说明腻子已完全干燥，如果划痕较深，说明干燥不彻底。

4. 打磨腻子

由于刮涂完的腻子面比较高，而且表面比较粗糙，所以需要将腻子打磨至与基准面一样高且表面平整光滑，才能进行后续涂层的涂装。打磨腻子时可以采用机械干磨与手工干磨的方法进行打磨。由于腻子有很强的吸水性，所以禁止采用水磨。一般腻子的打磨方法如下：

（1）将碳粉均匀涂抹到腻子上（如图3-49所示），将P80号砂纸装到7mm双作用式干磨机或轨道式干磨机上，在腻子范围内进行交叉粗磨，一般打磨至平面度的60%~70%即可，如图3-50所示。

图3-49　将碳粉均匀涂抹到腻子上

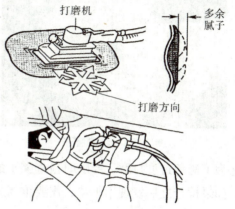

图3-50　粗磨腻子

> ⚠ **注意事项**
>
> 　　选用较粗砂纸（如P80号、P120号砂纸）进行打磨时，为了避免腻子周围砂纸痕太粗，一般建议打磨时最好不要超出腻子刮涂的范围。打磨时应先打磨腻子凸出部位。

（2）涂抹碳粉指示层（如图3-51所示），依次将P120号、P180号砂纸装到手磨垫块上进行中等程度的打磨，此时打磨至平面度的9%左右即可。在打磨的过程中，一边用手触摸以确认表面状况，一边仔细打磨，以防止打磨过度或打磨变形，如图3-52所示。

图3-51　涂抹碳粉指示层

图3-52　中磨腻子

（3）涂抹碳粉，将P240号左右的砂纸装到手磨垫块上，对腻子及腻子边缘部位进行平整打磨，直至彻底打磨平整。腻子边缘部位要求平滑无阶梯，如图3-53所示。

在打磨腻子时，要注意以下几点：

①在打磨过程中，由于粉尘会堵塞砂纸缝隙，造成打磨效率降低，所以应及时清除砂纸上的粉尘，如图3-54所示。

图3-53 精磨腻子

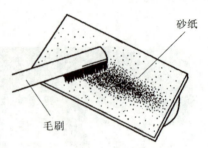

图3-54 用毛刷清除粉尘

②为了避免过度打磨，要随时检查腻子的平面度，如图3-55所示。

③如果检查之后发现不平整，需要重新施涂腻子，直到完全打磨平整才能进入下一步。

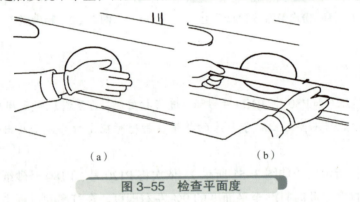

图3-55 检查平面度

（a）触摸评估；（b）钢直尺评估

重新施涂时腻子的刮涂范围要大于下层腻子的范围，如图3-56所示。

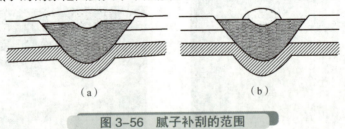

图3-56 腻子补刮的范围

（a）正确刮涂方法；（b）错误刮涂方法

（4）选用P320号砂纸及5mm双作用式打磨机，打磨从腻子边缘至周边15cm的区域，为喷涂中涂底漆作准备，如图3-57所示。难以打磨的位置可以使用海绵砂纸或菜瓜布进行打磨。

（5）使用风枪吹干净腻子里面及工件表面的灰尘，如图3-58所示，再对腻子周围进行除油。

图 3-57 腻子周围打磨的范围

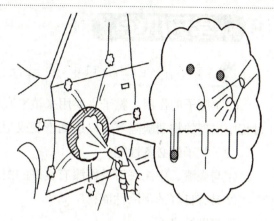

图 3-58 吹尘

> **⚠ 注意事项**
>
> 腻子打磨完后,底材形状恢复,边缘平滑无阶梯,表面没有大的气孔、砂纸痕或其他大的缺陷为合格,否则为不合格。

5. 修整腻子

腻子在打磨后,一般呈现多孔状态,若孔较大,则需要重新填补腻子,若孔较小或有较细的划痕(如图 3-59 所示),则可以刮涂幼滑腻子(填眼灰)进行填补,具体操作步骤如下:

(1)搅拌均匀幼滑腻子。
(2)取少量幼滑腻子于刮刀上。
(3)按薄刮多层的方法刮涂有细孔的地方,如图 3-60 所示。
(4)采用自然干燥或加速干燥的方法进行干燥。
(5)选用 P320 号或 P360 号砂纸配合手工磨块将幼滑腻子打磨平整。
(6)清洁工件,整理工位及现场。

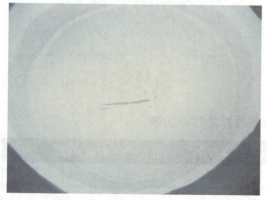

图 3-59 腻子上面的小缺陷

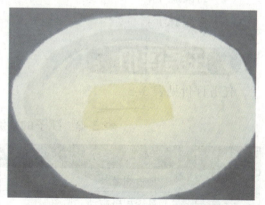

图 3-60 刮涂幼滑腻子的效果

学习小结

1. 腻子的作用及其必须具备的性能

（1）腻子的作用。腻子主要用来填平底材上的凹坑、缝隙、孔眼、焊疤、刮痕以及加工过程中出现的物面缺陷等，以达到恢复或塑造工件表面形状的目的。

（2）腻子的必备性能：

①与底漆、中涂底漆及面漆有良好的配套性；

②具有良好的刮涂性能；

③打磨性良好；

④干燥性能良好；

⑤形成的腻子层有一定的韧性和硬度；

⑥具有较好的耐溶剂和耐潮湿性。

2. 腻子的种类与用途

结合工件的材质、工件表面的情况，在填补凹陷时选用普通腻子、合金腻子或塑料腻子；在填补细微针孔、划痕时选用纤维腻子或幼滑腻子。

3. 腻子涂装的工艺流程

腻子涂装的工艺流程如图3-4所示。

4. 腻子的刮涂及打磨任务实施

（1）调制腻子；

（2）刮涂腻子；

（3）腻子干燥；

（4）打磨腻子；

（5）修整腻子。

任务评价

任务评价见表3-3。

表3-3 腻子的刮涂及打磨操作考核评价表

考核项目	评分标准	分数	学生自评	小组互评	教师评价	备注
团队合作	是否和谐	5				
活动参与	是否积极主动	5				
任务方案	是否正确、合理	15				

续表

考核项目	评分标准	分数	学生自评	小组互评	教师评价	备注
安全生产	有无安全隐患	10				
操作过程	（1）工具、设备、材料准备； （2）调制腻子； （3）刮涂腻子； （4）腻子干燥； （5）打磨腻子； （6）修整腻子	30				
任务完成情况	是否圆满完成	5				
工具使用情况	是否规范标准	10				
劳动纪律	能否严格遵守	5				
现场 5S 管理	是否做到	10				
工单填写	是否完整、规范	5				
总　　分		100				
教师签名	年　　月　　日				得分：	

项目四
喷枪的清洗与维护

项目导入

汽车车身修补涂装工序复杂，涉及范围广，形式多样，耗材繁多，因此，需要多种工具设备来完成各道工序的作业，其中喷枪是喷涂作业中非常重要的一种工具，其性能的好坏直接影响汽车车身涂层的质量。

本项目通过介绍喷枪的清洗与维护的方法，使读者对喷枪有所认识，并能掌握喷枪的清洗与维护的作业流程。

图4-1所示为喷枪的结构示意。

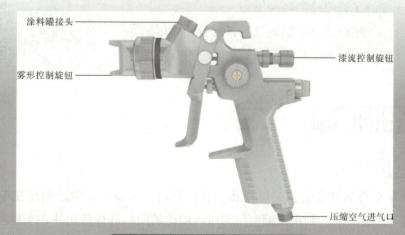

图4-1 喷枪的结构示意

项目四 喷枪的清洗与维护

学习目标

知识目标
(1) 能够了解喷枪的各种类型。
(2) 掌握喷枪的基本组成及其各部分的作用。
(3) 掌握喷枪的基本操作方法。

技能目标
能够规范地对喷涂后的喷枪进行清洗和维护作业。

素养目标
(1) 了解安全操作要求,重视人员身体安全与防护,养成安全文明操作的习惯。
(2) 养成组员之间相互协作的习惯。

项目任务

喷枪的清洗

任务目标

(1) 能够了解喷枪的各种类型。
(2) 掌握喷枪的基本组成及其各部分的作用。
(3) 能够规范地对喷涂作业后的喷枪进行清洗。

喷枪的清洗

知识准备

1. 喷枪的类型

喷枪是汽车车身修补涂装的关键设备,它将涂料(油漆)均匀地喷涂在车身表面,得到良好的防腐与涂装效果。利用压缩空气对进入喷枪的涂料进行雾化并在车身表面涂覆(简称"空气喷射")是车身表面装饰的最重要的工艺之一。

常用的喷枪种类很多，根据不同特点可以有以下几种分类方法：

（1）按用途来分，喷枪可分为底漆喷枪、面漆喷枪和小修补喷枪，见表4-1。

表4-1 3种不同类型喷枪的特点及用途

类　型	特　　点	用　途	喷枪形状
底漆喷枪	喷嘴口径一般为1.6~1.9mm，雾化均匀，喷幅中心区宽大、喷幅集中，能很好地满足底漆涂装的填充及遮盖要求	主要用于底漆、中间涂料的喷涂	
面漆喷枪	喷嘴口径一般为1.3~1.5mm，雾化精细，喷幅雾化区宽大、喷幅分散，能很好地满足面漆着色和装饰的要求，达到颜色均匀、涂层饱满的效果	主要用于色漆、清漆等面漆涂层的喷涂	
小修补喷枪	喷嘴口径较小，一般为0.3~1.4mm，只需要较小的喷涂气压，一般为0.7~2.0bar（1bar=10^{5}Pa），可以喷出较薄的涂层，可减少漆雾反弹，有效控制喷涂区域，提高修补质量，减少涂料消耗	适合图案喷绘、小面积涂装、局部修补或过渡喷涂	

面漆喷枪与底漆喷枪的喷幅比较如图4-2所示。

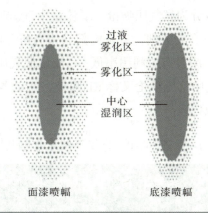

图4-2 面漆喷枪与底漆喷枪的喷幅比较

（2）按涂料的供给方式，喷枪可分为重力式喷枪、吸力式喷枪和压力式喷枪，见表4-2。

喷枪的工作原理

表 4-2　3 种不同类型喷枪的喷涂原理及特点

类型	涂料的供应方式	优点	缺点	喷枪形状
重力式喷枪	涂料罐位于喷嘴上方，涂料由于重力作用流向喷嘴，与喷枪前端的压缩空气混合后，被吹散雾化喷出	涂料黏度的变化对喷出量影响小，节省涂料，适合较小面积的喷涂	涂料罐在喷嘴上方，影响喷枪的稳定性；涂料罐容量小（一般为 500mL 左右），不适合较大面积的喷涂	
吸力式喷枪	涂料罐位于喷嘴下方，压缩空气经过喷嘴时形成低压区，涂料通过大气压的作用向上进入喷嘴，与喷枪前端的压缩空气混合后，被吹散雾化喷出	喷涂操作稳定性好，便于向涂料罐中添加涂料或变换颜色，涂料罐容量比重力式喷枪大，适合一般喷涂作业	喷涂水平表面困难；涂料黏度变化对喷漆量影响较大，涂料罐容量比重力式喷枪大（一般为 1 000mL 左右），因此操作人员易疲劳	
压力式喷枪	涂料罐与枪体分离，靠软管连接，通过向涂料罐加压让涂料流入枪体，与喷枪前端的压缩空气混合后，被吹散雾化喷出	涂料罐容积大，喷涂大型表面时不必停下来向涂料罐中添加涂料；也可使用高黏度涂料。适合大面积或连续作业的喷涂	变换颜色及清洗喷枪需要较长时间，所以不适合小面积的喷涂	

（3）按雾化技术，喷枪可分为高气压喷枪、低流量中气压喷枪和高流量低气压喷枪。

此 3 种喷枪在外形上没有多大区别，只是内部结构有所不同。高气压喷枪即传统喷枪，其雾化气压较高，耗气量大，涂料有效利用率低；高流量低气压喷枪又称 HVLP 喷枪，其雾化气压低，上漆率高；低流量中气压喷枪又称 RP 喷枪，它的各项性能居中。表 4-3 所示为以上 3 种喷枪的使用技术参数比较。

表 4-3　3 种喷枪的使用技术参数比较

技术参数 \ 雾化技术	传统（高气压）喷枪	RP（低流量中气压）喷枪	HVLP（高流量低气压）喷枪
	气压雾化	气压、气流雾化	气流雾化
进气压力 /MPa	0.3 ~ 0.4	0.25	0.2
雾化压力 /MPa	0.2 ~ 0.3	0.13	0.07
耗气量/(L·min^{-1})	380	295	430

2. 喷枪的组成及各部分的作用

（1）喷枪的基本组成如图4-3所示；空气帽正面的结构如图4-4所示。

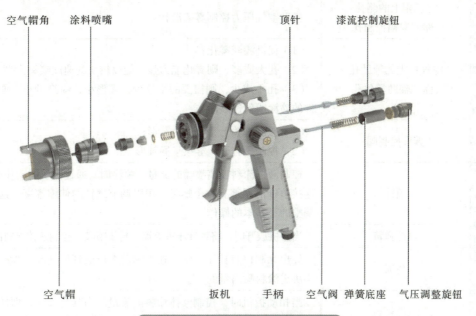

图4-3 喷枪的基本组成

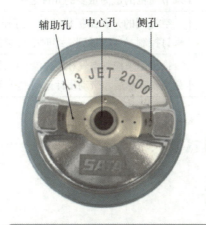

图4-4 空气帽正面的结构

（2）喷枪主要零件的名称及作用见表4-4。

表4-4 喷枪主要零件的名称及作用

序号	零件的名称	作用
1	空气帽 （又称"气帽"或"风帽"）	把压缩空气导入漆流，使漆液雾化，形成雾束
2	空气帽上的中心孔 （又称"主雾化孔"）	形成真空，吸出漆液

续表

序号	零件的名称	作用
3	空气帽上的侧孔（又称"扇幅控制孔"）	借助空气压力控制雾束形状
4	空气帽上的辅助孔（又称"辅助雾化孔"）	（1）促进漆液雾化； （2）孔大或多，则雾化能力强，能以较快的速度喷涂大型工件； （3）孔小或少，则需要的空气少，雾形小，喷涂量小，便于小工件的喷涂或低速喷涂
5	雾形控制阀	（1）控制阀关上，雾束呈圆形； （2）控制阀打开，雾束呈椭圆形
6	顶针	控制液体涂料喷离喷嘴的流量。喷涂时，通过扳机的动作来控制。连接顶针的尾部有一个螺母，用以调节顶针的伸缩幅度，这是喷枪调整的最基本的操作
7	顶针弹簧	当扳机放开时，将顶针压进喷嘴，封闭喷嘴，控制液体涂料的流动
8	喷嘴	导出涂料以及让压缩空气在喷嘴前端形成环形气流，喷嘴口径大小决定涂料喷出量的大小
9	漆流控制阀	当扣动扳机时，控制液体涂料的流量。当其全关时，即使扣死扳机也没有液体涂料流出。当其全开时，液体涂料的流量最大。这是调节喷枪的最为重要的元件之一
10	空气阀	空气阀的开关由扳机控制。打开空气阀所需的扳机行程可由一个螺钉控制。扳机扳到一半时空气阀打开，再扣动扳机，喷漆嘴打开
11	扳机	扳机用来控制空气和液体涂料的流量。扣动扳机时，最先启动的仅是空气，然后才带动顶针运动，开启漆流控制阀，使液体涂料喷出

任务实施

（一）作业准备

1. 工具设备的准备

待清洗的喷枪、洗枪毛刷。

2. 主要材料的准备

清洗喷枪的稀释剂。

3. 防护用品的准备

根据前面学习的防护用品知识，完成表4-5的内容，在相关的栏里打"√"。

表 4-5 喷枪清洗作业中的防护用品

工　序								
清洗喷枪								

（二）操作步骤

每次喷涂完成后，一定要及时清洗喷枪，特别是喷涂双组分涂料时，如果不及时清洗喷枪，涂料会固化在涂料罐以及涂料通道里，从而影响下次喷涂。喷枪的手工清洗方法及操作步骤如下：

（1）穿戴好防护用品，将喷枪涂料罐里多余的涂料倒在废漆存放桶里，扣动扳机，将枪体涂料通道里的油漆喷涂干净。

废漆料不允许随便弃置，具体要求请查询国家相关政策法规。

（2）在涂料罐里倒入清洗喷枪的稀释剂，将喷枪上的所有阀门调到最大，并扣动扳机，将涂料通道冲洗干净，如图 4-5 所示。

（3）用一块擦拭布将喷嘴堵住，扣动扳机，利用压缩空气逆向冲洗喷枪，如图 4-6 所示。

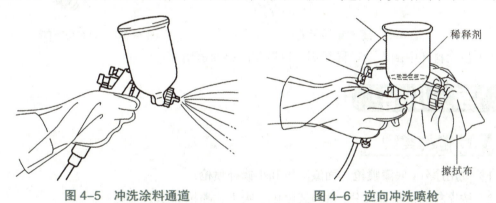

图 4-5　冲洗涂料通道　　　　图 4-6　逆向冲洗喷枪

操作此步骤时，应将身体侧向一边，以避免稀释剂溅到身上造成伤害。

（4）用洗喷枪的毛刷清洗涂料罐，如图 4-7 所示。

（5）重复步骤（2）～（4），直至喷出的稀释剂中不含任何涂料，然后用毛刷清洁喷枪，如图 4-8 所示。

（6）摘掉空气帽，用毛刷清洁涂料喷嘴，如图 4-9 所示。

（7）用毛刷清洁空气帽，如图 4-10 所示。

由于空气帽上的气孔在很大程度上影响喷涂图形的形状，因此需注意在清洁中不要损坏空气帽。避免使用针、钢丝或钢丝刷等。如果有干的涂料不容易清除，可将空气帽浸入稀释剂内一段时间，待其溶胀后再清洁。最后用一块干净的擦拭布擦干净空气帽上残留的稀释剂，并及时装回喷枪。

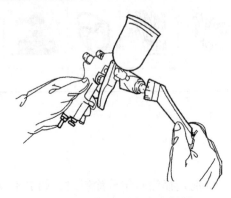
图4-7　用毛刷清洗涂料罐

图4-8　用毛刷清洁喷枪

图4-9　清洁涂料喷嘴

图4-10　清洁空气帽

（8）在涂料杯中倒入少量稀释剂，以避免涂料通道堵塞。

学习小结

1. 喷枪的类型

（1）按用途分：底漆喷枪、面漆喷枪和小修补喷枪；

（2）按涂料的供给方式分：重力式喷枪、吸力式喷枪和压力式喷枪；

（3）按雾化技术分：高气压喷枪、低流量中气压喷枪和高流量低气压喷枪。

2. 喷枪的组成

喷枪主要由空气帽角、涂料喷嘴、空气帽、顶针、漆流控制旋钮、空气阀、弹簧底座、气压调整旋钮、手柄、扳机等组成。

3. 清洗喷枪

（1）穿戴好防护用品，将剩余油漆喷涂干净；

（2）在喷枪中倒入稀释剂后喷涂冲洗；

（3）逆向冲洗喷枪；

（4）用毛刷清洗涂料罐；

（5）重复步骤（2）~（4）至喷枪干净；

（6）用毛刷清洁涂料喷嘴；

（7）用毛刷清洁空气帽；

（8）在涂料杯中加入少量稀释剂。

任务评价

任务评价见表4-6。

表4-6 喷枪的清洗操作考核评价表

考核项目	评分标准	分数	学生自评	小组互评	教师评价	备注
团队合作	是否和谐	5				
活动参与	是否积极主动	5				
任务方案	是否正确、合理	15				
安全生产	有无安全隐患	10				
操作过程	喷枪清洗	30				
任务完成情况	是否圆满完成	5				
工具使用情况	是否规范标准	10				
劳动纪律	能否严格遵守	5				
现场5S管理	是否做到	10				
工单填写	是否完整、规范	5				
总　　分		100				
教师签名		年　　月　　日			得分：	

喷枪的维护

任务目标

（1）掌握喷枪的基本操作方法。

（2）能够规范地对喷枪进行维护作业。

喷枪的维护

知识准备

喷枪的基本操作方法

对喷涂作业而言，要想获得良好的效果，正确的喷涂方法是非常重要的。在喷涂时必须注意以下几个方面：

（1）喷枪与待喷工件表面的距离。正确的喷涂距离应与喷枪的种类、喷涂的气压、喷幅大小以及涂料种类配合，一般的喷涂距离为15~25cm。若喷涂距离过短，则涂料会堆积，形成流挂；如果距离过长，稀释剂挥发太多，就会使飞漆增多，漆雾不能在物体表面成膜或涂膜粗糙无光，如图4-11所示。

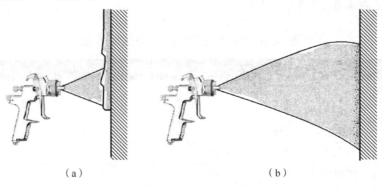

图 4-11 喷涂的距离

（a）距离过短；（b）距离过长

（2）喷枪与喷涂工件表面的角度。喷枪无论在竖直方向还是在水平方向移动，均必须与喷涂表面始终垂直。施工人员双脚分开，比肩稍宽，一般右手持枪，左手抓住空气软管，喷涂过程中左右移动整个身体，不能跨步，也不允许由手腕或肘部做弧形的摆动，如图4-12所示。

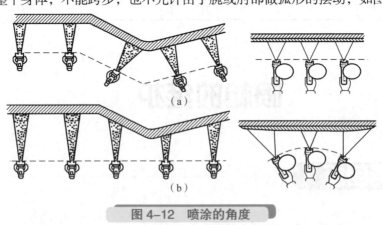

图 4-12 喷涂的角度

（a）正确；（b）不正确

（3）喷枪的移动速度。喷枪的移动速度与涂料的干燥速度、涂料黏度以及环境温度有关，一般以30~60cm/s的速度匀速移动。具体操作时要以喷涂的涂层效果决定喷枪的移动速度。

如果喷枪的速度过快，就会导致涂层过薄，粗糙无光；如果速度过慢，就会导致涂层过厚，出现流挂；如果速度不均匀，忽快忽慢，就会导致涂层厚度不均匀。

（4）喷枪的喷涂压力。正确的喷涂压力与涂料的种类、稀释剂的种类、稀释后的黏度和喷枪的类型等有关，喷涂时应参照涂料生产厂商提供的说明确定，或进行试喷确定。压力过低将造成雾化不好，会使稀释剂挥发过慢，涂层易出现"流泪""针孔""气泡"等缺陷；压力过高会使稀释剂过分蒸发，严重时形成干喷现象。

（5）喷涂的方法、路线及重叠幅度。喷涂的方法有纵行重叠法、横行重叠法和纵横交替重叠法。喷涂应以从高到低、从左到右、从上到下、先里后外的顺序进行。在行程终点关闭喷枪，喷枪下一次单向移动的行程与上一次相反，喷嘴与上一次行程的边缘平齐，本次雾形的上半部与上一次雾形的下半部重叠，重叠幅度为喷雾图形的1/2~2/3，如图4-13所示。

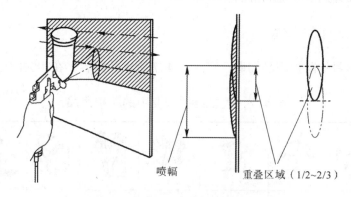

图4-13 喷涂的方法及重叠幅度

（6）喷枪扳机的控制。喷枪是靠扳机控制的，扳机扣得越紧，液体流速越大。为避免每次走枪行程结束时所喷出的涂料堆积，一般要放松扳机，以减小供漆量。

扣扳机的正确操作一般分4步：先从遮蔽纸上或工件外面开始走枪，扣下扳机一半，仅放出空气；当走枪到喷涂表面边缘时，完全扣下扳机，喷出涂料；当走至另一边缘时，松开扳机一半，涂料停止流出；反向喷涂前再向前移动几厘米，然后重复上述操作，如图4-14所示。

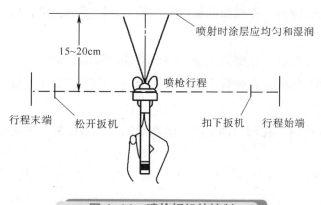

图4-14 喷枪扳机的控制

任务实施

（一）作业准备

1. 工具设备的准备

喷枪、洗枪毛刷、内六角扳手、常用扳手、螺丝刀。

2. 主要材料的准备

清洗喷枪的稀释剂、喷枪润滑油。

3. 防护用品的准备

请根据前面学习的防护用品知识，完成表 4-7 所示的内容，在相关的栏里打"√"。

表 4-7 喷枪维护作业中的防护用品

工 序								
喷枪维护								

（二）操作步骤

1. 喷枪的润滑

喷枪的润滑点如图 4-15 所示。

（1）润滑扳机转轴螺钉。在两面的螺钉上均滴一滴润滑油，然后扣下扳机将润滑油送入转轴。

（2）润滑枪针调整螺钉。在螺钉上滴一滴润滑油以帮助转动。

（3）润滑枪针密封堵头。在针管上滴一滴润滑油，然后反复扣下扳机以将润滑油送入枪针密封堵头。

（4）润滑主空气阀门。在阀门轴上滴一滴润滑油，然后反复扣下扳机以将润滑油送入阀门密封圈。

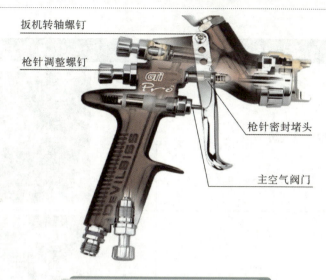

图 4-15 喷枪的润滑点示意

2. 清洁喷枪空气阀

清洁喷枪空气阀的操作步骤见表 4-8 所示。

表 4-8 清洁喷枪空气阀的操作步骤

序号	操作步骤	图 示
1	用专用星形扳手拧开扳机以固定螺钉	
2	取出固定扳机的横轴	
3	用专用扳手拧开空气阀	

续表

序号	操作步骤	图　示
4	抓紧轴芯取下空气阀	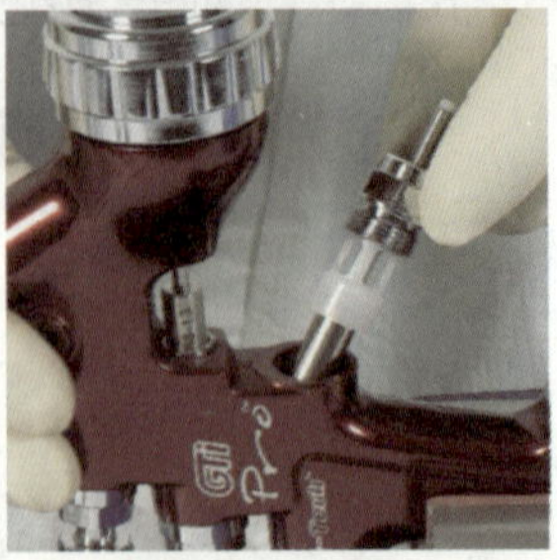
5	取下带弹簧垫的弹簧	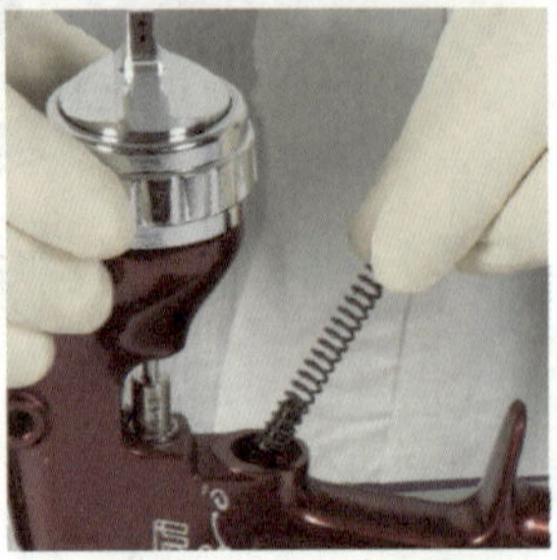
6	不要从枪身上取出后部密封件	
7	不要拆下空气阀上的塑料笼套，以免损坏笼袖	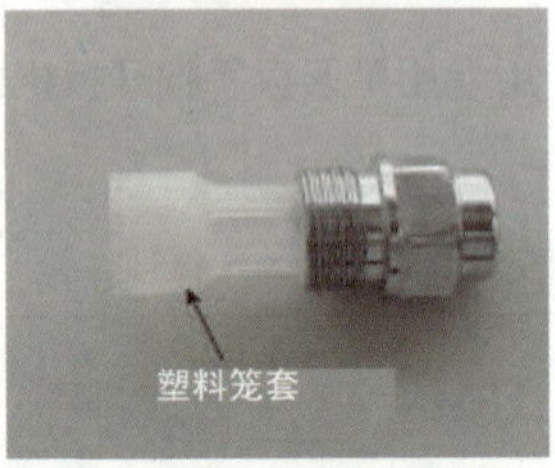
8	清洁全部涂料	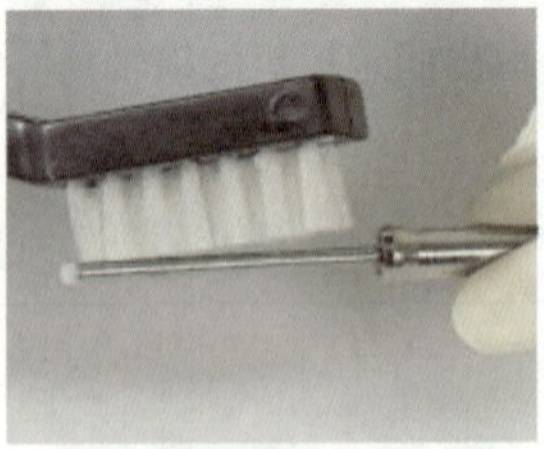
9	4个提升阀必须彻底清洁	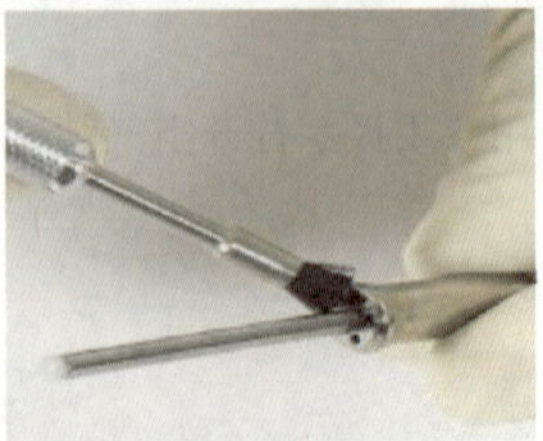

续表

序号	操作步骤	图示
10	阀轴必须能松动地放置在提升孔内	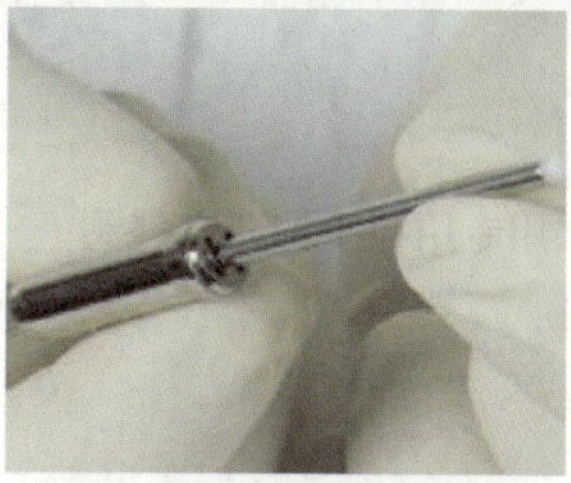
11	将空气阀组件装入枪身,小心穿过弹簧及后面的密封圈	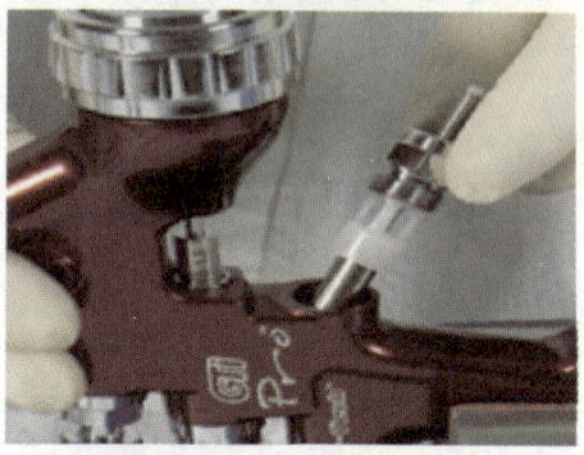
12	拧紧空气阀后装回扳机	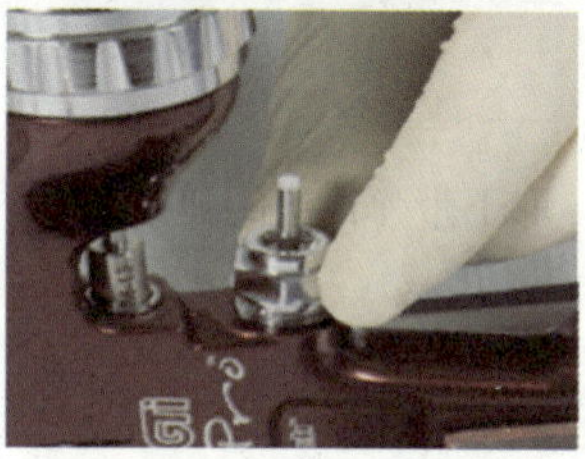

3. 更换喷枪空气阀密封圈

更换喷枪空气阀密封圈的操作步骤见表4-9。

表4-9 更换喷枪空气阀密封圈的操作步骤

序号	操作步骤	图示
1	用专用星形扳手拧开扳机固定螺钉	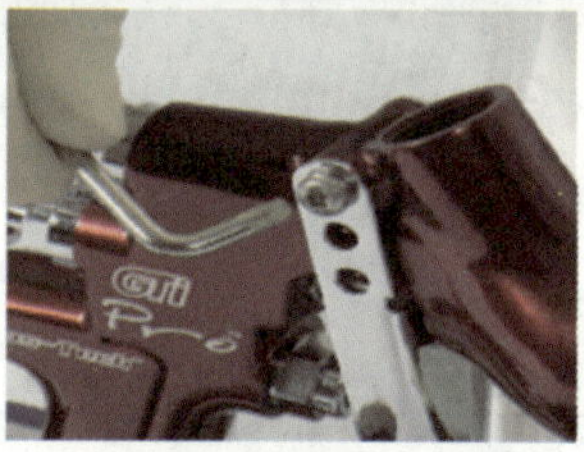
2	取出固定扳机的横轴	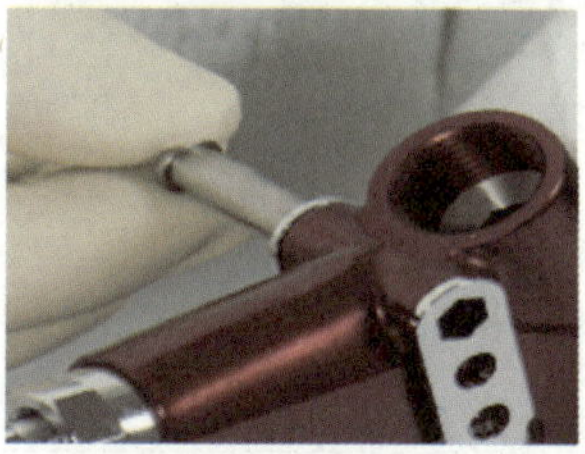

续表

序号	操作步骤	图示
3	用专用扳手拧开空气阀	
4	抓紧轴芯取下空气阀	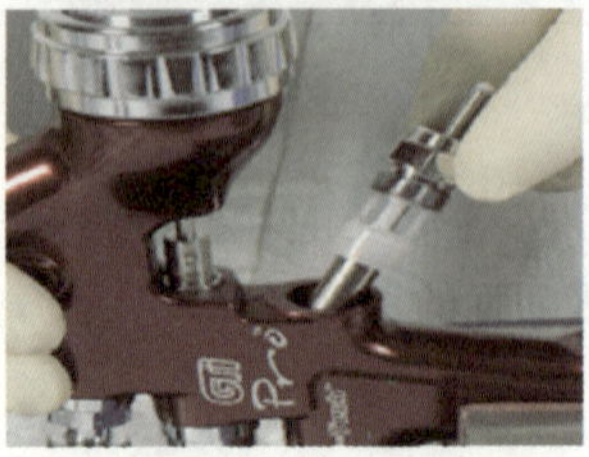
5	取下带弹簧垫的弹簧	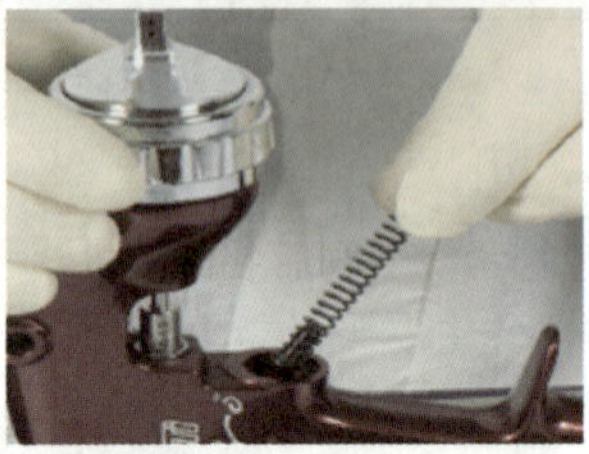
6	插入取密封圈的专用工具	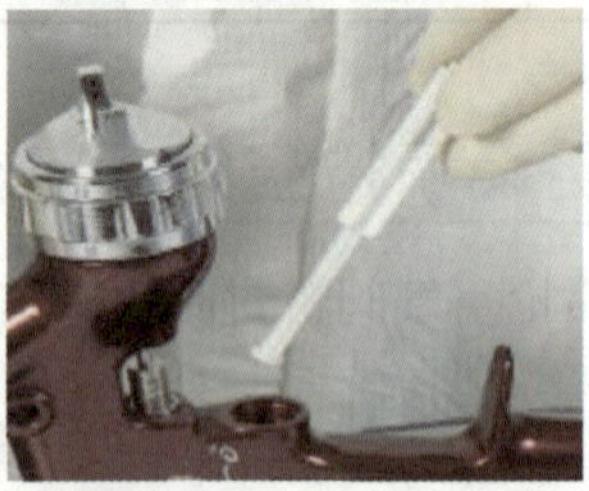
7	将后部的密封圈钩出来	
8	换上新的密封圈	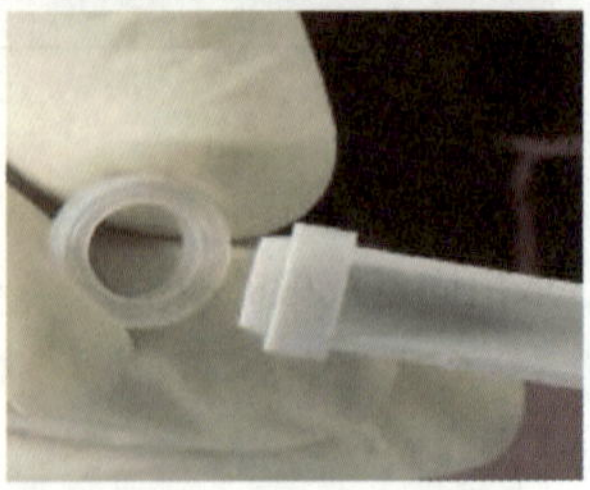

续表

序号	操作步骤	图示
9	将新密封圈压入底部	
10	插入新弹簧,确保有密封垫的一端先进入	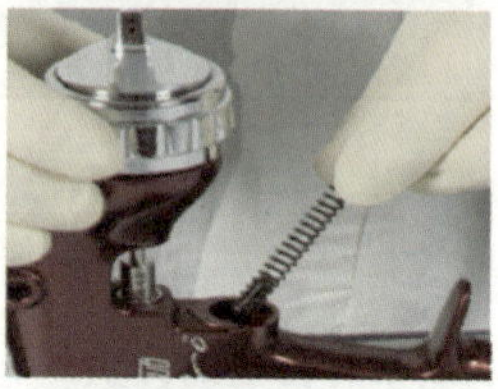
11	将空气阀组件装入枪身,小心穿过弹簧及后面的密封圈	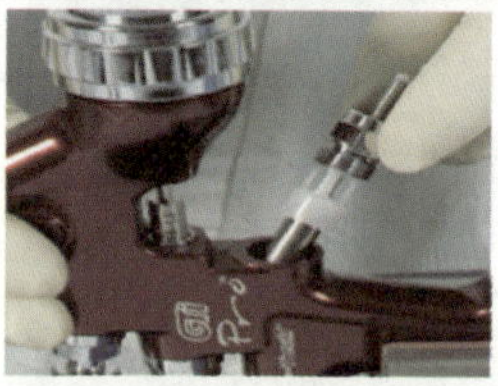
12	拧紧空气阀后装回扳机	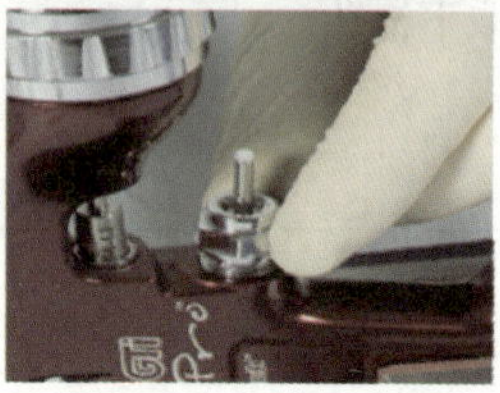

4. 更换枪针密封堵头

更换枪针密封堵头的操作步骤见表4-10。

表4-10 更换枪针密封堵头的操作步骤

序号	操作步骤	图示
1	用专用星形扳手拧开扳机以固定螺钉	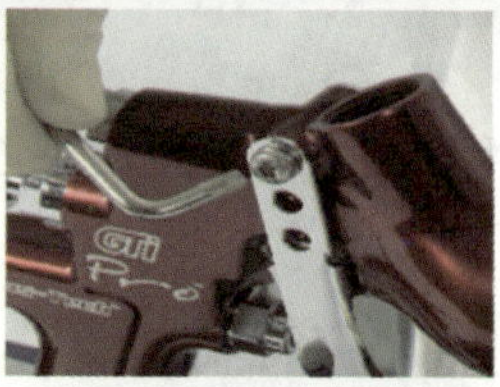
2	取出固定扳机的横轴	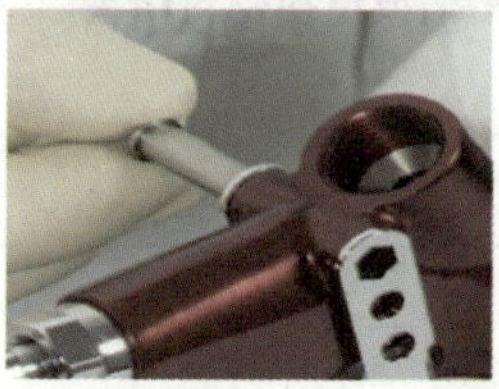

续表

序号	操作步骤	图 示
3	取下枪针调节旋钮	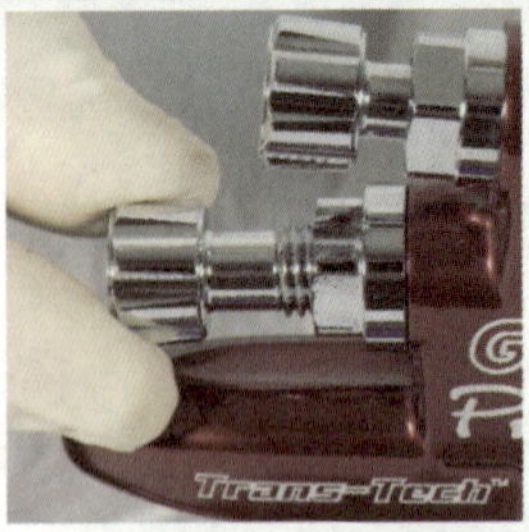
4	取出带有衬垫的弹簧	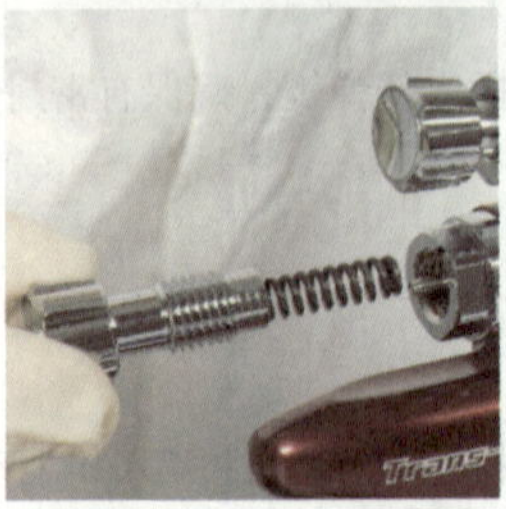
5	取下枪针	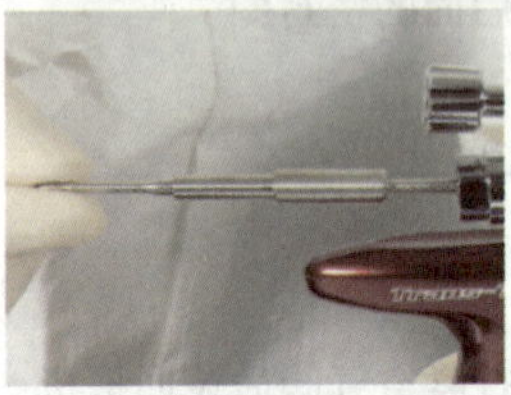
6	插入"一"字起	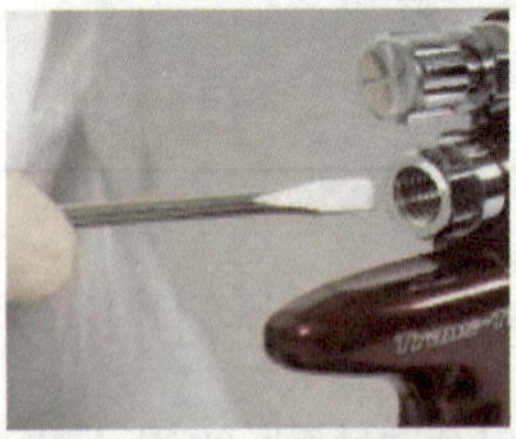
7	取下密封堵头	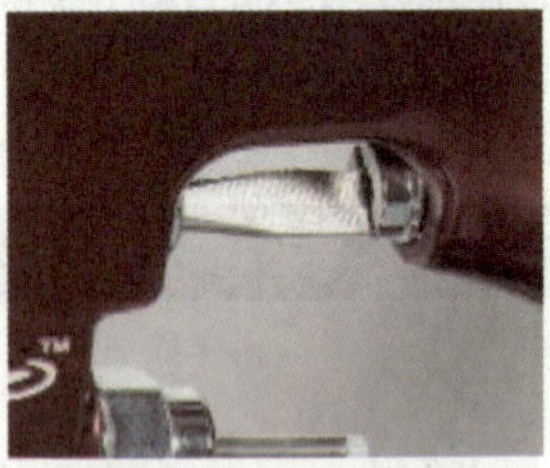
8	清洁或更换密封堵头	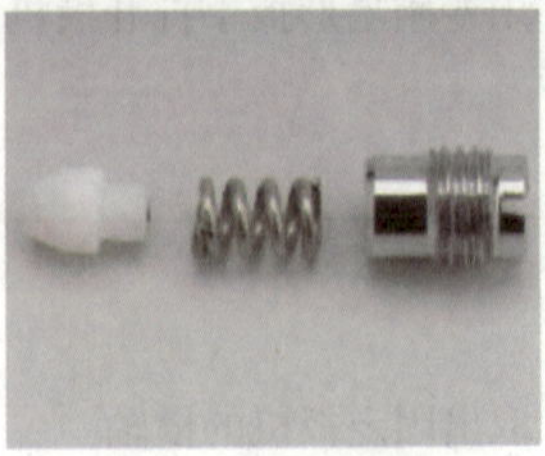

续表

序号	操作步骤	图示
9	重新装入密封堵头	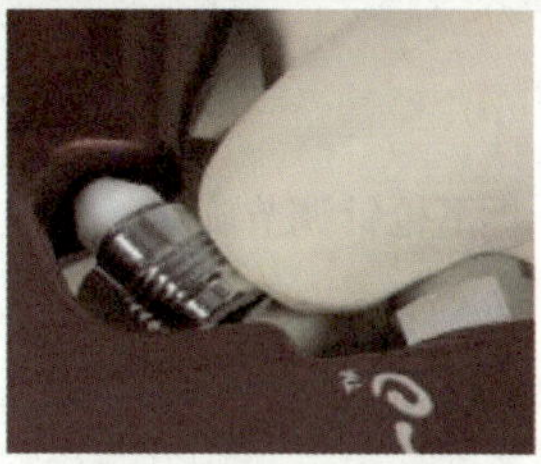
10	将枪针插回至喷嘴座	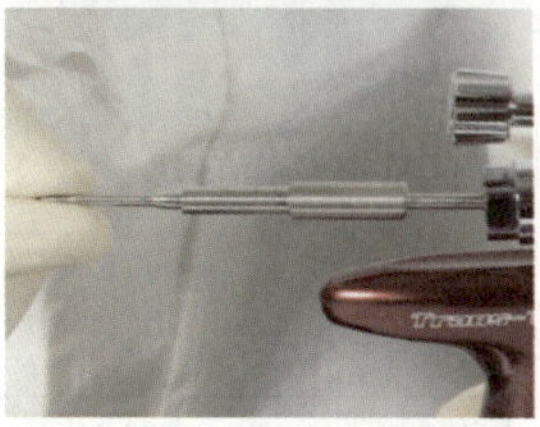
11	装回枪针弹簧和旋钮	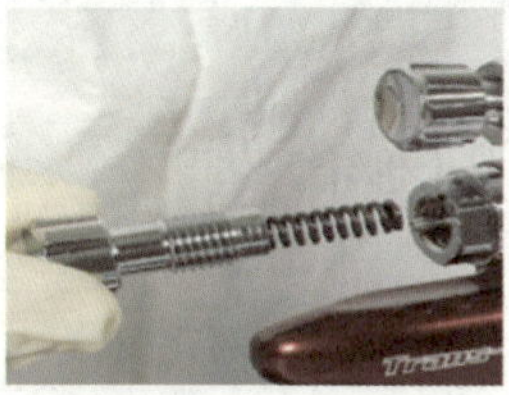
12	装回扳机并确保扣动自如	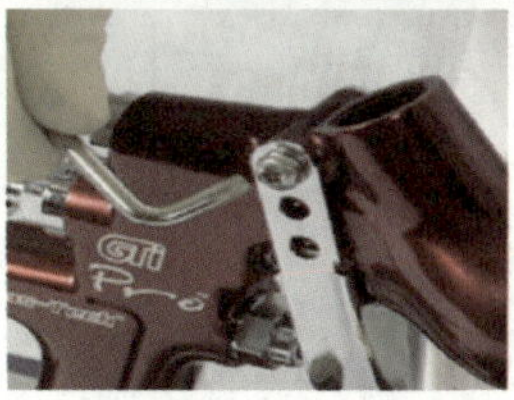

5. 更换枪头密封件

更换枪头密封件的操作步骤见表4-11。

表4-11 更换枪头密封件的操作步骤

序号	操作步骤	图示
1	拆下空气帽及固定环	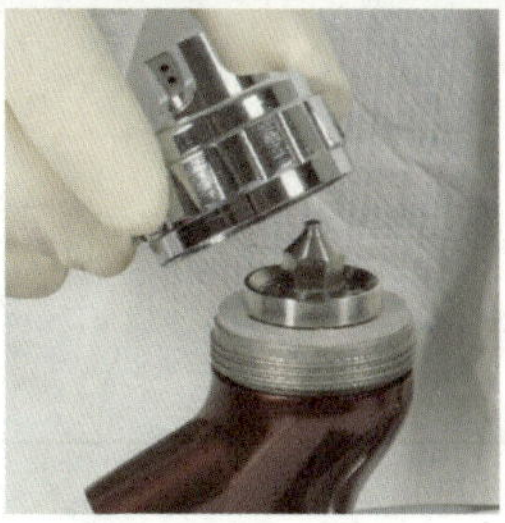

续表

序号	操作步骤	图　示
2	拆下枪针调节旋钮	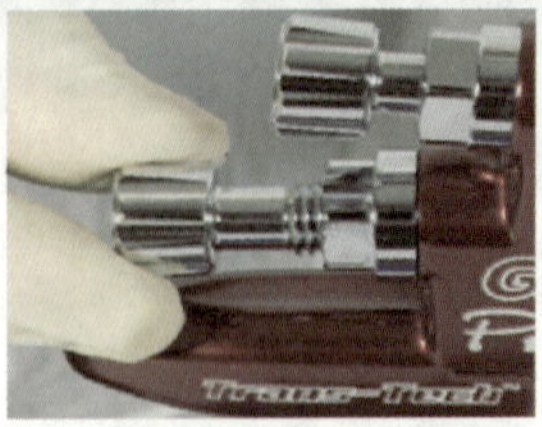
3	拆下弹簧及弹簧垫	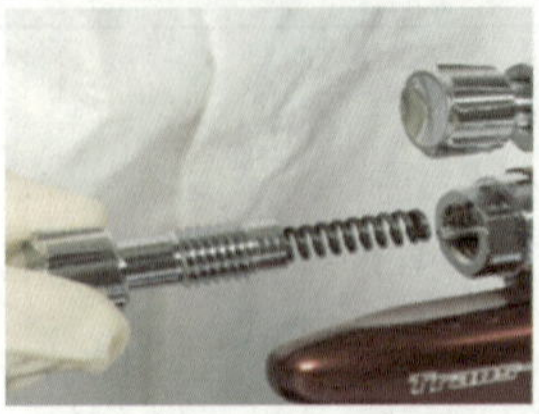
4	取下枪针	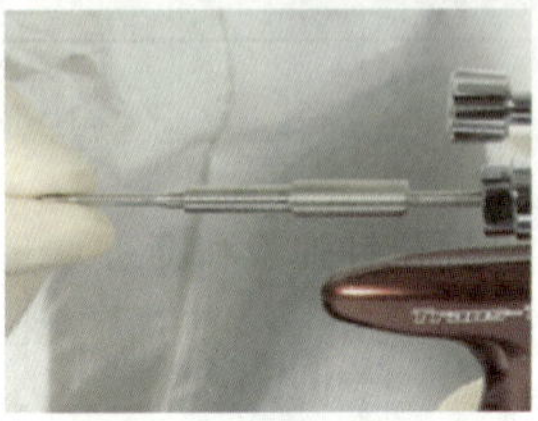
5	用专用扳手拧开喷嘴	
6	取出喷嘴	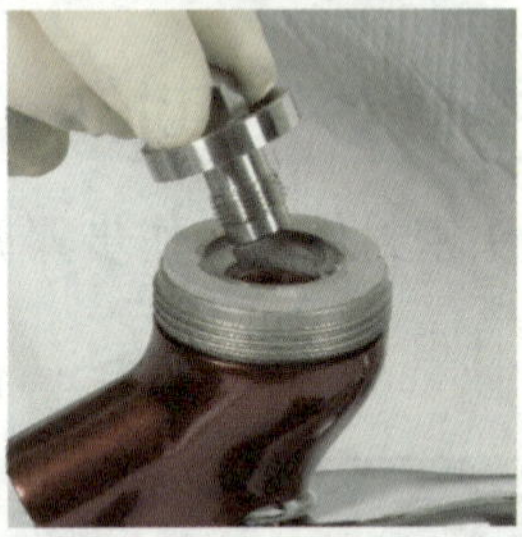
7	取出枪头挡板	

续表

序号	操作步骤	图示
8	取下枪头	
9	用软刷清洁枪头	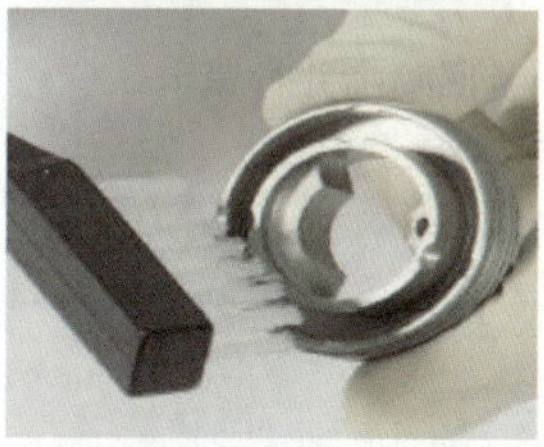
10	用小钩取下枪头密封圈	
11	用软刷清洁喷枪前部	
12	放入新密封圈并确保小孔与固定头对齐	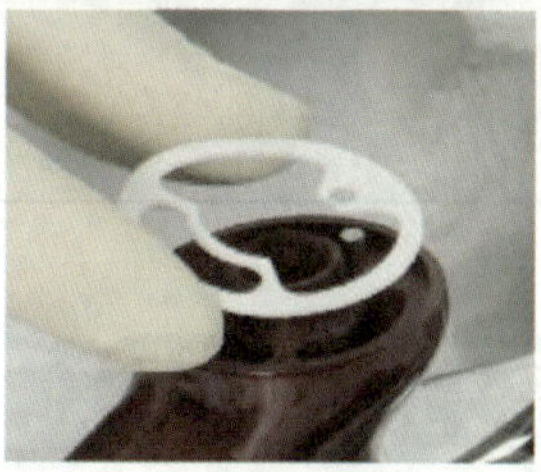
13	装回枪头	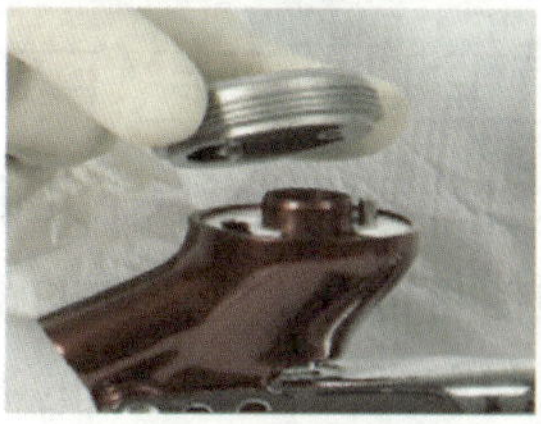

续表

序号	操作步骤	图示
14	装回枪头挡板	
15	装回喷嘴并拧紧	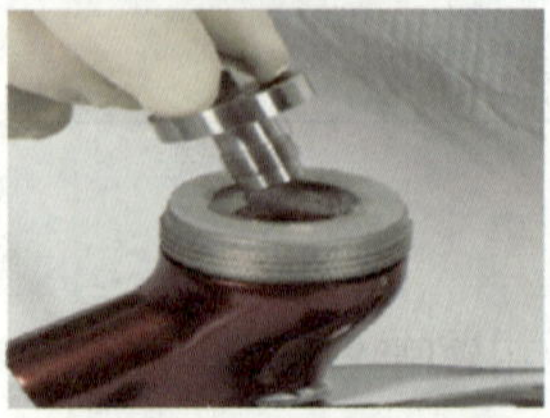
16	将枪针插回至喷嘴座	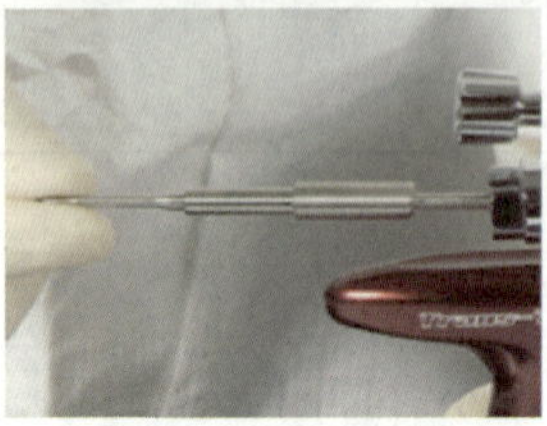
17	装回枪针弹簧和旋钮	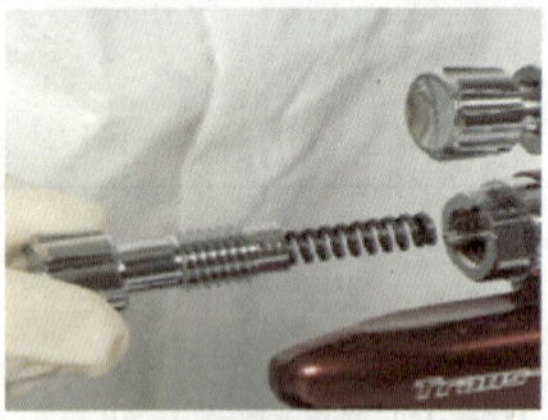
18	装回空气帽	

学习小结

1. 喷枪的基本操作方法

在喷涂时必须要注意以下几个方面：

（1）喷枪与待喷工件表面的距离。正确的喷涂距离应与喷枪的种类、喷涂的气压、喷幅大小以及涂料种类配合，一般的喷涂距离为15~25cm。

（2）喷枪与喷涂工件表面的角度。喷枪无论在竖直方向还是在水平方向移动，均必须与喷涂表面始终垂直。

（3）喷枪的移动速度。喷枪的移动速度与涂料的干燥速度、涂料黏度以及环境温度有关，一般以 30~60cm/s 的速度匀速移动。

（4）喷枪的喷涂压力。正确的喷涂压力与涂料的种类、稀释剂的种类、稀释后的黏度和喷枪的类型等有关，喷涂时应参照涂料生产厂商提供的说明确定，或进行试喷确定。

（5）喷涂的方法、路线及重叠幅度。

（6）喷枪扳机的控制。

2. 喷枪的维护

（1）喷枪润滑；

（2）清洁喷枪空气阀；

（3）更换喷枪空气阀密封圈；

（4）更换枪针密封堵头；

（5）更换枪头密封件。

任务评价

任务评价见表 4-12。

表 4-12 喷枪的维护操作考核评价表

考核项目	评分标准	分数	学生自评	小组互评	教师评价	备注
团队合作	是否和谐	5				
活动参与	是否积极主动	5				
任务方案	是否正确、合理	15				
安全生产	有无安全隐患	10				
操作过程	（1）喷枪润滑； （2）清洁喷枪空气阀； （3）更换喷枪空气阀密封圈； （4）更换枪针密封堵头； （5）更换枪头密封件	30				
任务完成情况	是否圆满完成	5				
工具使用情况	是否规范标准	10				
劳动纪律	能否严格遵守	5				
现场5S管理	是否做到	10				
工单填写	是否完整、规范	5				
总　　分		100				
教师签名		年　　月　　日			得分：	

项目五
中涂底漆的喷涂

▶ 项目导入

经过腻子层修复的车门已经恢复了表面的平面度，但是表面还存在一定的细小缺陷，如针孔、细划痕等，应在面漆喷涂之前进行适当的处理（中涂底漆的喷涂），以满足面漆涂装的要求。

项目五 中涂底漆的喷涂

学习目标

知识目标
(1) 了解中涂底漆的作用及常用中涂底漆的种类和用途。
(2) 正确地使用和维护相关的工具和设备。
(3) 掌握涂料的存放及保管知识。

技能目标
根据中涂底漆施涂工艺进行中涂底漆的喷涂工作。

素养目标
(1) 了解安全操作要求,重视人员身体安全与防护,养成安全文明操作的习惯。
(2) 养成组员之间相互协作的习惯。

项目任务

中涂底漆的喷涂

任务目标

(1) 了解中涂底漆的作用及性能要求。
(2) 熟悉汽车修补涂装中涂底漆常见的种类及特点。
(3) 能够按照正确的工艺流程进行中涂底漆的喷涂作业。

中涂底漆的喷涂

知识准备

1. 中涂底漆的作用及性能要求

中涂底漆是用于底漆层与面漆层之间的底漆,常称为"二道底漆"或"二道浆"。它的主要作用是增加面漆层与下面涂层的附着力,提高面漆层的平整度和丰满度;起到隔绝和封闭下面涂层,防止面漆往下渗透产生涂膜缺陷的作用;同时也有填充针孔、细小划痕、细小缺陷的作用等。

中涂底漆的作用

汽车用中涂底漆应具有如下性能：

（1）与底漆层、腻子层、旧涂层及后喷面漆层有良好的配套性，能够同时为底漆层和面漆层提供良好的附着力。

（2）干燥后的中涂底漆层硬度适中，有良好的打磨性和耐水性，湿磨后表面平整光滑，无起皱、脱皮等，局部漆层边缘平滑性好，无接口痕迹。

（3）有良好的填充性能，经打磨后能消除底材上的轻微划痕、砂痕和砂孔等。

（4）有良好的隔离性能，能防止底漆层、腻子层、旧涂层中的不良物质向面漆层渗出而污染涂膜表面，破坏面漆层的装饰性，同时能阻止面漆层的溶剂渗透到底漆层、腻子层、旧涂层中。

（5）能提供给面漆层一个吸附性一致的涂面，同时由于其本身具有良好的防渗透性，可以提高面漆层的光泽度，因此可以极大地提高面漆层的装饰性。

（6）有良好的施工性能，如温度适应性、干燥迅速、施工容易等。

底漆特性

2. 汽车修补涂装中涂底漆常见的种类及特点

中涂底漆的种类很多，分类方法也很多。根据涂料性质，中涂底漆可以分为单组分中涂底漆和双组分中涂底漆；根据主要成膜物质，中涂底漆可以分为环氧中涂底漆、硝基中涂底漆、聚氨酯中涂底漆等。它们的特点及用途见表5-1。

表5-1 常用中涂底漆的特点及用途

中涂底漆类型	特　点	用　途
硝基中涂底漆	单组分类型涂料，干燥迅速，易于打磨，经打磨后表面平整光滑，但成膜较薄。 注意事项： （1）使用时应彻底搅拌均匀，以防颜料沉淀； （2）工作黏度一般为15~20s，其黏度可以用硝基稀释剂调整，一般需要喷3道以上，每层间隔10min左右； （3）可与各种硝基面漆以及双组分丙烯酸聚氨酯面漆配套使用	一般用于要求快干的场合，或装饰性要求不高的汽车部件或面积较小的非主要装饰面
环氧中涂底漆	一般为双组分类型涂料，防锈性能好，附着力好，填充性好、耐溶剂性好，机械强度好，干燥较慢，既可以作为底漆使用，也可以作为中涂底漆使用，还可以作为底漆、中涂底漆二合一的底漆使用	主要用于有裸露金属的工件打底情况
聚氨酯中涂底漆	双组分类型涂料，附着力、耐水性、耐热性、耐化学性好，填充能力强，干燥较快，打磨性能好，对面漆的保光性都很好，在汽车修补涂装中应用广泛。 注意事项： （1）一般以喷涂为主，也可刷涂或滚涂； （2）直接用于金属表面时，材质必须经过处理，保证无水、无油、无酸碱、无灰尘、无机械杂质； （3）严格按照生产厂商的要求配比，搅拌均匀后方可使用，并在使用时效内用完	可用于各种底漆、腻子及旧涂层之上

3. 涂料存放和保管的注意事项

涂料是易燃、有毒的物质，并有一定的保存期。存放时应该考虑到上述 3 个方面的因素，采取一定的措施，做到安全、防毒，保证涂料质量，防止出现安全隐患或超过保存期而造成损失。涂料存放和保管时一般要注意以下几点：

（1）涂料库房要专用，不得与其他物品（特别是棉纱、遮蔽纸等易燃材料）存放在一起。

（2）涂料库房要保持干燥、隔热，要有通风口。库房室温不得超过 28℃，夏季高温时应有降温措施，取料时应避开中午高温时段，可在早、晚温度较低时取料。

（3）照明要使用防爆灯，开关应安装在库房外面，防止开或关时产生电火花而引起火灾。

（4）库房必须远离火源，配置足够的灭火器材。

（5）库房内不同性质的涂料应该分类存放，以免造成事故。

（6）库房禁止调配油漆，涂料桶不得发生渗漏，涂料桶必须盖紧。

（7）库房涂料应先进先出，防止存放过期而造成涂料变质。

（8）对于用量小或容易变质的涂料应小量进货，防止浪费。

4. 中涂底漆涂装的工艺流程

中涂底漆涂装的工艺流程如图 5-1 所示。

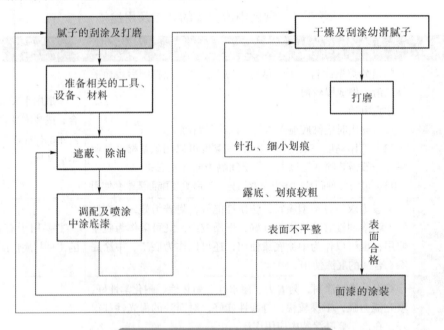

图 5-1　中涂底漆涂装的工艺流程

任务实施

(一) 作业准备

1. 工具设备的准备

空气压缩机、油水分离器、风枪、底漆喷枪、调漆尺、烤灯、碳粉指示剂、洗枪毛刷等。

2. 防护用品的准备

工作服、工作鞋、线手套、护目镜、耳塞。

3. 实训器材的准备

汽车喷漆烤漆房、工作台等。

(二) 喷涂中涂底漆的操作步骤

1. 遮蔽及除油

由于腻子刮涂的范围不大，周围旧涂膜状况较好，所以不需要对整个车门喷涂中涂底漆。中涂底漆在涂装之前要做好遮蔽及清洁工作，其操作步骤如下：

（1）用风枪及干净的擦拭布将工件清洁干净，如图5-2所示。

（2）按照反向遮蔽的方法将工件贴护好，如图5-3所示。

贴护时遮蔽纸的边沿不能太靠近腻子范围，既要避免喷涂时产生台阶，又要确保中涂底漆能将打磨腻子时产生的粗划痕盖住。

（3）对需要喷漆的腻子周围部位进行除油，如图5-4所示。

中涂底漆喷涂前的遮蔽及清洁除油方法

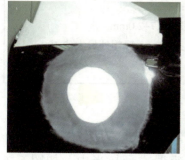

图5-2 将工件清洁干净

图5-3 将工件贴护好

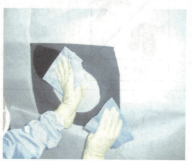

图5-4 除油处理

2. 调配及喷涂中涂底漆

中涂底漆的调配及喷涂方法与底漆的调配及喷涂方法基本相同，根据不同产品的特点及涂装要求略有差别。调配及喷涂中涂底漆的一般方法如下：

（1）查看产品技术说明，确定调配方法。本次选用的中涂底漆为某品牌的 P565-510 高固含量厚膜底漆，其调配工艺见表 5-2。

中涂底漆的调配及喷涂方法

表 5-2 P565-510 高固含量厚膜底漆调配工艺

适用底材	裸钢材、玻璃钢、聚酯原子灰、预涂底漆和状态良好的旧涂膜	
工艺	中涂（80~120μm）	喷灰（150~200μm）
	P565-510　　　　　5 份 P210-938 / -939 / -790　1 份 P850-2K 稀释剂　　　1 份	P565-510　　　　　5 份 P210-938 / -939 / -790　1 份 P850-2K 稀释剂　　　0.5 份
	20℃时： DIN4 杯　19~26s（24~35s BSB4） 混合后有效喷涂时间：1h 使用后立即清洗喷枪	20℃时： DIN4 杯　30~35s（41~48s BSB4） 混合后有效喷涂时间：30min 使用后立即清洗喷枪
	建议使用重力式喷枪喷嘴： 重力式：1.6~1.9mm 压力：3.5~4.0bar（52~60psi[①]）	建议使用重力式喷枪喷嘴： 重力式：1.7~2.0mm 压力：3.5~4.0bar（52~60psi）
HVLP	喷嘴： 重力式：1.6~1.9mm 压力：0.7bar（风帽处最大值 10psi）	喷嘴： 重力式：1.7~2.0mm 压力：0.7bar（风帽处最大值 10psi）

（2）穿戴好防护用品。

（3）用调漆尺或搅拌杆将底漆彻底搅拌均匀，如图 5-5 所示。

（4）按照喷涂的面积所需要的量，将底漆倒入合适的容器或量杯当中，如图 5-6 所示。

---

① 1 psi=6 894.757 Pa。

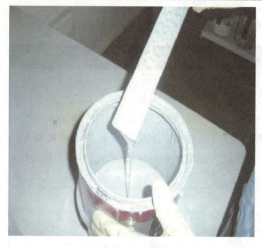 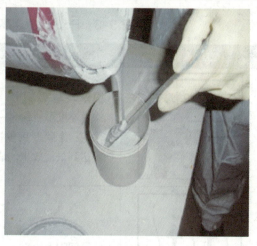

图 5-5　搅拌　　　　　　　　　　　　　图 5-6　倒入底漆

（5）按照产品技术说明上所给的比例用调漆比例尺添加适量的固化剂、稀释剂，如图 5-7 所示。P565-510 高固含量厚膜底漆作中涂底漆使用时，与固化剂、稀释剂的比例是 5∶1∶1。固化剂及稀释剂的型号要根据施工时的环境温度和喷涂面积来确定。

（6）用搅拌尺对添加好的涂料进行彻底搅拌。

（7）根据涂料特点和产品技术说明，选择合适口径的底漆喷枪。

（8）用过滤网将调配好的涂料过滤到喷枪里，如图 5-8 所示。

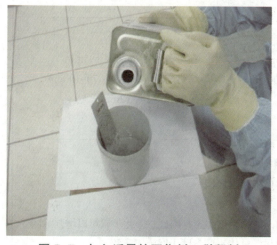 

图 5-7　加入适量的固化剂、稀释剂　　　图 5-8　将调配好的涂料过滤到喷枪里

（9）连接气管，调节喷枪，通过雾形测试的方法检查喷枪是否调整好。

（10）按照产品的施工说明进行中涂底漆的喷涂。P565-510 高固含量厚膜底漆的施工工艺见表 5-3。

表 5-3 P565-510 高固含量厚膜底漆的施工工艺

工艺	中涂工艺	喷灰工艺
	喷涂 2~3 层 涂膜厚度可达到 80~120μm 注意：涂膜厚度取决于喷嘴型号，如需达到最佳效果，请参照上述建议	喷涂 3~4 层 涂膜厚度可达到 150~200μm 注意：涂膜厚度取决于喷嘴型号，如需达到最佳效果，请参照上述建议
	涂层间闪干约 5min	涂层间闪干 5~7min
	20℃时风干时间： 80~120μm 2h 150μm 3h 金属表面温度为 60℃时烘烤 20min	20℃时风干时间： 200μm 3~4h 金属表面温度为 60℃时烘烤 20min
	在红外线干燥前闪干 5min 烤灯与工件的距离：70~100cm 短波烘烤：8~12min	在红外线干燥前闪干 5min 烤灯与工件的距离：70~100cm 短波烘烤：8~12min
	使用以下型号的砂纸机器打磨： P400 号或更细：纯色漆 / 单工序金属漆 P500 号或更细：底色漆 注意：推荐在机器干磨前，使用手刨手工打磨底材，此步骤可以增强涂膜平面度，促进下一步机磨的效果，具体工序参照干磨施工流程图	
面漆	P565-510 / 511 系列底漆上可以直接喷涂 P420 系列 2K 纯色漆、P421 系列 2K 单工序金属漆、P422 2K 底色漆和 P989 Aquabase Plus 底色漆 经打磨后的 P565-510 / 511 系列底漆如果存放了超过两天，进一步喷涂面漆前需要重新打磨	

在喷涂时一般选择以下做法：

①第一层喷涂：为了提高涂层的亲和力，避免产生不良反应，先将腻子与旧涂层结合部

位雾喷一层,如图5-9所示。

②第二层喷涂:待第一层涂料充分闪干,涂层没有出现不良反应之后,将整个腻子及腻子周围的区域薄喷一层,至半光泽状态,如图5-10所示。

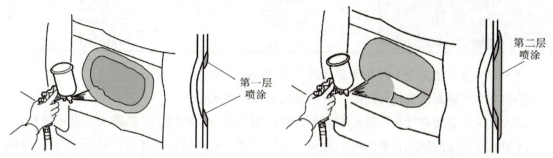

图5-9 第一层喷涂　　　　　　图5-10 第二层喷涂

③第三层喷涂:待第二层涂料充分闪干,涂层没有出现不良反应之后,扩大喷涂范围,将整个损伤区域正常湿喷一层,如图5-11所示。

三层喷涂完之后,一般情况下可以达到涂层所需要的厚度。如果检查之后感觉厚度不够或上面还有很多细小的针孔及划痕等,还可以在第三层的基础上再湿喷1~2层。确保整个中涂底漆喷涂完之后,涂层饱满光滑、均匀平整,没有大的缺陷,边缘平滑等,如图5-12所示。

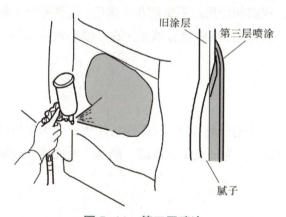

图5-11 第三层喷涂　　　　　　图5-12 喷涂完的效果

(11)清洗维护喷枪。

三、干燥中涂底漆及刮涂幼滑腻子

(1)待中涂底漆闪干之后清除工件上的遮蔽纸及遮蔽胶带。

(2)用烤灯对中涂底漆进行强制干燥。中涂底漆涂层在打磨前如果干燥不充分,不仅打磨时涂料会填满砂纸使打磨作业难以进行,而且喷涂面漆后往往容易出现涂膜缺陷。中涂底漆的干燥可采取自然干燥和低温烘烤干燥,在气温较低时或为了提高维修的效率可采用红外线烤灯进行烘烤干燥。各类中涂底漆涂料的平均干燥时间见表5-4。

涂料的干燥方式

表 5-4　各类中涂底漆涂料的平均干燥时间

中涂底漆涂料的类型	自然干燥（20℃）	低温烘烤干燥（60℃）
硝基中涂底漆	30min 以上	10~15min
聚氨酯中涂底漆	6h 以上	20~30min
环氧中涂底漆	6h 以上	30min 以上

（3）待中涂底漆完全干燥并冷却之后，检查涂层表面。

①如果涂层表面没有任何缺陷，可以直接进入打磨工序。

②如果涂层表面有针孔、轻微划痕等，则使用单组分幼滑腻子（填眼灰）进行填补。

③如果有较大的缺陷，单组分幼滑腻子不能填充，则使用双组分幼滑腻子或双组分腻子进行填补。

学习小结

1. 中涂底漆的作用

中涂底漆是用于底漆层与面漆层之间的底漆，常称为"二道底漆"或"二道浆"。它的主要作用是增加面漆层与下面涂层的附着力，提高面漆层的平整度和丰满度；起到隔绝和封闭下面涂层，防止面漆往下渗透产生涂膜缺陷的作用；同时也有填充针孔、细小划痕和细小缺陷的作用等。

2. 中涂底漆常见的种类

中涂底漆的种类很多，分类方法也很多。主要的分类方法：根据涂料性质，分为单组分中涂底漆和双组分中涂底漆；根据主要成膜物质，分为环氧中涂底漆、硝基中涂底漆、聚氨酯中涂底漆等。

任务评价

任务评价见表 5-5。

表 5-5　中涂底漆的喷涂操作考核评价表

考核项目	评分标准	分数	学生自评	小组互评	教师评价	备注
团队合作	是否和谐	5				
活动参与	是否积极主动	5				
任务方案	是否正确、合理	15				
安全生产	有无安全隐患	10				

续表

考核项目	评分标准	分数	学生自评	小组互评	教师评价	备注
操作过程	（1）遮蔽及除油； （2）调配及喷涂中涂底漆； （3）干燥中涂底漆及刮涂幼滑腻子	30				
任务完成情况	是否圆满完成	5				
工具使用情况	是否规范标准	10				
劳动纪律	能否严格遵守	5				
现场 5S 管理	是否做到	10				
工单填写	是否完整、规范	5				
总 分		100				
教师签名	年　　月　　日				得分：	

项目六
中涂底漆的打磨

▶ **项目导入**

经过腻子层修复的车门已经恢复了表面的平面度,但是表面还存在一定的细小缺陷,如针孔、细划痕等,应在面漆喷涂之前进行适当的处理(中途底漆的打磨),以满足面漆涂装的要求。

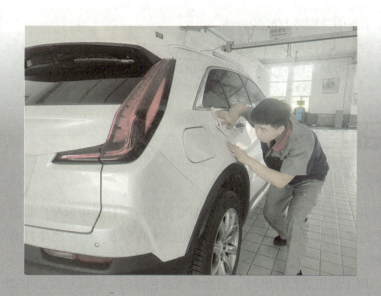

项目六　中涂底漆的打磨

学习目标

知识目标
（1）了解中涂底漆打磨所使用的工具。
（2）掌握干磨和湿磨的操作方法。
（3）掌握中涂底漆打磨的方法和技巧。

技能目标
能够掌握中涂底漆打磨的方法和技巧。

素养目标
（1）了解安全操作要求，重视人员身体安全与防护，养成安全文明操作的习惯。
（2）养成组员之间相互协作的习惯。

项目任务

中涂底漆的打磨

任务目标

（1）了解中涂底漆打磨的方法。
（2）掌握中涂底漆打磨所使用的工具。
（3）能够按照正确的工艺流程进行中涂底漆的打磨作业。

中涂底漆的打磨

知识准备

中涂底漆打磨的方法

与打磨原子灰一样，在打磨中涂底漆之前要施涂一层打磨指示层。打磨指示层有干、湿两种类型：湿式的采用喷涂的方法；干式的采用涂抹的方法。中涂底漆打磨的方法也可分为干磨和湿磨两种。

（1）干磨。用干磨机进行打磨时，当面漆为素色漆时，砂纸粒度为 P320~P400，当面漆为底色漆时,砂纸粒度为 P400~P500。

(2)湿磨。湿磨一般采用 P800~P1000 号耐水砂纸,当面漆为底色漆时,可以用 P1000 号砂纸,当面漆为素色漆时,可以用 P800 号砂纸。

任务实施

(一)作业准备

1. 工具设备的准备

砂纸、碳粉指示剂、打磨机、洗枪毛刷等。

2. 防护用品的准备

工作服、工作鞋、线手套、护目镜、耳塞。

3. 实训器材的准备

待打磨车门、汽车喷漆烤漆房、工作台等。

(二)操作步骤

1. 干磨

中涂底漆干磨的一般方法如下:

(1)穿戴好防护用品。

(2)在中涂底漆上面涂碳粉指示层,如图 6-1 所示。

(3)使用手工打磨块配合 P320 号砂纸将刮涂幼滑腻子的地方打磨平整,如图 6-2 所示。

图 6-1 涂碳粉指示层

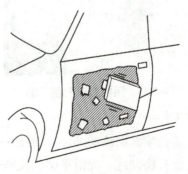
图 6-2 用手工打磨块打磨

（4）再次涂碳粉指示层，使用手工打磨块配合 P360 号砂纸将中涂底漆不平整的地方打磨平整，如图 6-3 所示。

（5）使用 5mm 双作用式打磨机配合 P400 号砂纸磨光中涂底漆，并同时将中涂底漆边缘磨薄，如图 6-4 所示。

图 6-3　再次涂指示层　　　　　图 6-4　再次打磨

⚠️ 注意事项

尽量不要磨穿中涂底漆，否则就达不到封闭及填充的效果。

（6）使用 3mm 双作用式打磨机配合 P400 号或 P500 号砂纸打磨中涂底漆及其周围需要喷涂面漆的部位，如图 6-5 和图 6-6 所示。

周围的旧涂层如果状况较好，一般只需要打磨到没有光泽、没有橘皮、平整光滑即可，尽量不要磨穿旧涂层，否则容易出现咬底、起皱等现象。对于工件边缘或机械不好打磨的位置，应该采用手工打磨的方法打磨彻底。

图 6-5　用打磨机打磨示意　　　　　图 6-6　用砂纸打磨示意

（7）清洁工件。

（8）检查需要喷涂面漆的部位，如图 6-7 所示。

①如果表面打磨彻底、光滑平整、纹理一致、没有露底等，就可以进入下一道工序。

②如果表面有针孔及轻微划痕或细小缺陷，就需要重新刮涂幼滑腻子并打磨。

③如果有较大面积的磨穿或露底,就需要重新喷涂中涂底漆。

④如果工件表面不平整,达不到平面度要求,就需要在喷涂面漆之前重新刮涂腻子,进行修整。

图 6-7 检查需要喷涂面漆的部位

2. 湿磨

中涂底漆湿磨的一般方法如下:

(1)在中涂底漆上面喷涂一层薄薄的深色单组分快干涂料作为指示层。

(2)用海绵蘸水淋湿工件,同时使用手工打磨块配合 P400 号水磨砂纸将幼滑腻子打磨平整,如图 6-8 所示。

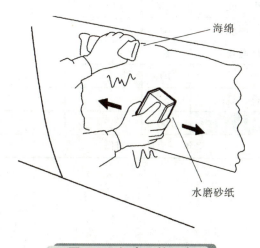

图 6-8 打磨平整示意

(3)用手工打磨块配合 P500 号水磨砂纸蘸水将中涂底漆打磨平整。

(4)用海绵蘸水配合 P600~P1000 号水磨砂纸彻底打磨需要喷涂面漆的部位。

(5)用抹布擦净工件,并用风枪吹干。

(6)检查整个需要喷涂面漆的部位。

(7)如果表面有缺陷,就应进行适当的修补;如果没有问题,就可以进入下一道工序。

学习小结

中涂底漆打磨的方法

与打磨原子灰一样,在打磨中涂底漆之前要施涂一层打磨指示层。打磨指示层有干、湿两种类型:湿式的采用喷涂的方法;干式的采用涂抹的方法。中涂底漆打磨的方法也可分为干磨和湿磨两种。

任务评价

任务评价见表6-1。

表6-1 中涂底漆的打磨操作考核评价表

考核项目	评分标准	分数	学生自评	小组互评	教师评价	备注
团队合作	是否和谐	5				
活动参与	是否积极主动	5				
任务方案	是否正确、合理	15				
安全生产	有无安全隐患	10				
操作过程	(1)干磨; (2)湿磨	30				
任务完成情况	是否圆满完成	5				
工具使用情况	是否规范标准	10				
劳动纪律	能否严格遵守	5				
现场5S管理	是否做到	10				
工单填写	是否完整、规范	5				
总 分		100				
教师签名		年 月 日			得分:	

项目七
面漆的调色与喷涂

▶ **项目导入**

经过中涂处理好的车门,下一个操作涂层是面漆层,在进行面漆涂装之前,应根据车门原来的颜色调好面漆的颜色,然后进行面漆涂装作业。

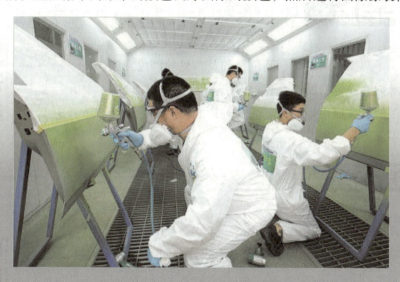

项目七　面漆的调色与喷涂

》学习目标《

知识目标
（1）了解面漆的分类和调色涂装的目的及方法。
（2）熟练使用调色及涂装的工具。
（3）掌握调色及面漆喷涂的方法和技巧。

技能目标
能够掌握调色及面漆喷涂的方法和技巧。

素养目标
（1）了解安全操作要求，重视人员身体安全与防护，养成安全文明操作的习惯。
（2）养成组员之间相互协作的习惯。

》项目任务《

面漆的调色

》任务目标《

（1）了解面漆的种类、调色目的及常见的调色方法。
（2）熟悉颜色的属性及表示方法。
（3）能够按照正确的工艺流程进行面漆的调色作业。

面漆的调色

》知识准备《

1. 汽车面漆的分类

汽车面漆的种类很多，常用的汽车面漆的分类如图 7-1 所示。

面漆的作用

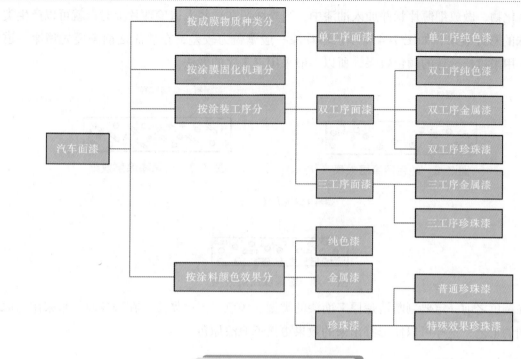

图 7-1 汽车面漆的分类

（1）面漆按涂装工序可分为单工序面漆、双工序面漆和三工序面漆。

①单工序面漆是指喷涂同一种涂料即形成完整的面涂层的喷涂系统。采用单工序做法的一般是纯色漆，它可以简化涂装工艺，降低成本。

②双工序面漆是指喷涂两种不同的涂料才能形成完整的面涂层的喷涂系统，通常是先喷涂色漆，然后再喷涂罩光清漆，两种涂层结合在一起才能形成有质量保证的完整的面涂层。可以采用双工序做法的有纯色漆、金属漆及遮盖力较好的珍珠漆，通过罩光清漆可以增强颜色效果，提高光泽。

③三工序面漆更为复杂，如三工序珍珠漆通常是先喷一层打底色漆，然后再喷一层珍珠漆，最后喷罩光清漆，3个涂层结合才能形成完整的面涂层。一般珍珠漆及遮盖力较差的金属漆应该采用三工序方法施工。

（2）面漆按颜色效果可分为纯色漆、金属漆和珍珠漆。

①纯色漆又称为素色漆，是将各种颜色的颜料研磨得非常细小，均匀地分散在树脂基料中而制成的各种颜色的涂料，如图 7-2 所示。纯色漆可以制成单工序或双工序的涂料。

②金属漆是以金属粉颗粒和普通着色颜料混合加入树脂基料中而制成的，如图 7-3 所示。经过金属漆涂装后的工件表面看起来更加晶莹闪亮，而且在不同的角度下，由于光线的折射，整车外观造型更丰富，更有层次感。目前在汽车面漆上大量应用，特别是在轿车面漆中已占主导地位。对于金属漆，一般采用双工序作业，但对遮盖力较差的金属漆也有采用三工序的作业方法的。

③珍珠漆是根据天然珍珠的原理，在片状的云母片上加上不同厚度的钛白粉或氧化铁等

无机氧化物，做成细薄片状并加入油漆中，当光线照在这些人造珍珠片上时，就可以产生类似珍珠的彩虹效果，如图7-4所示。珍珠漆一般遮盖力较差，在喷涂之前需要先喷涂一道底色，用来衬托珍珠的颜色效果，所以一般采用三工序的做法。

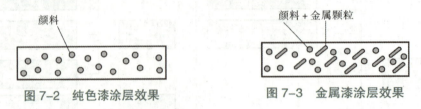

图7-2　纯色漆涂层效果　　　　图7-3　金属漆涂层效果

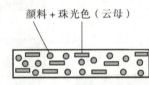

图7-4　珍珠漆涂层效果

在调色之前一定要判断清楚原来面漆的类型、颜色、工序做法，在调色时尽量采用与原漆相同的工艺，这样可以使修补出来的效果更接近原漆原色。

2. 调色的目的及常见的调色方法

随着汽车工业的不断发展，汽车漆的颜色种类及颜色效果层出不穷，人们不可能把每一种颜色都做成涂料并储存起来以备随时使用。唯一的解决办法是提高调色人员的配色技能，利用涂料制造商提供的几十种基本色素或色母，按照一定的用量比例及颜色配方，对现有颜色进行调配，以达到所期望的理想色彩。

汽车漆调色的方法主要有两种：人工经验调色法和仪器调色法（如计算机调色、全自动计算机调色等）。

（1）人工经验调色法。人工经验调色法是依据色漆样板，凭借经验、配色原理来识别其中各单色漆的色种和比例，然后进行试配、调色，如图7-5所示。人工经验调色法的关键在于对原车色漆中的主色和几种副色的判断。在调色过程中，色漆的添加量也以估计为主。

人工经验调色法是在配制色漆的容器中，先加入主色漆（用量大、着色力小的色漆），再以着色力较强的色漆为副色，慢慢地加入，并不断搅拌，随时观察颜色的变化，直至达到要求为止。

人工经验调色法在调配素色漆时简便易行，但随着金属漆、珍珠漆的大量使用，完全靠人工经验调色越来越难，所以人工经验调色法一般用于仪器调色之后的微调。

（2）仪器调色法。仪器调色法就是以色卡代号或色漆代码为依据，从计算机内找出该色卡的配方，再用电子秤精确量出各组分（色母）的数量，经过混合得到所需的涂料颜色，如图7-6所示。

调色的作用及其方法

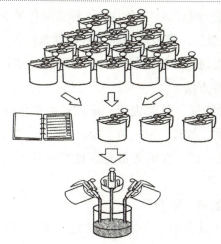

图 7-5 人工经验调色法

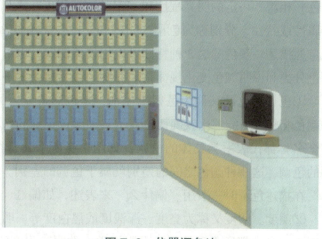

图 7-6 仪器调色法

汽车涂装使用了 20 000 种以上的颜色，这给修补涂装带来了相当大的困难。采用人工经验调色法有时很难解决调色问题，于是计算机调色系统应运而生。通常，汽车修补涂料生产厂家生产出几十种，乃至上千种专门用于调色的色母涂料，并都有各自独立的色母排列和调色系统，在产品销售地设立调漆中心，按汽车维修厂的要求调出所需涂料的颜色。借助仪器进行调色既省时又准确，提高了涂装的质量和效果。目前常用的方法有计算机调色（利用油漆配方软件调色）和全自动计算机调色两种。

计算机调色是利用颜色代码查配方的一种调色方法。此法操作简便、成本低，所以目前采用较多。

全自动计算机调色是利用由可见光分光光度计、数字天平和调色计算机组成的查找配方和配色的最新工具系统。用分光光度计从 3 个不同的角度测量颜色，将测量数据输入调色计算机，把所需的色漆量及其他相关信息输入计算机，计算机就会显示出各色母的添加量。数字天平与调色计算机连接，如果操作者不小心加多了某种色母，调色计算机会重新计算并且调整配方，这样就避免了色母的浪费。

用仪器调色法调出来的颜色有时与想要的颜色不一致，这时需要借助人工经验进行调整。在汽车维修厂及小规模的调漆中心经常使用油漆配方软件调色结合人工经验进行配色。

3. 颜色的属性及表示方法

颜色是光线刺激人的眼睛所产生的一种视感觉，也可以说颜色是光线和感觉器官作用后所引起的一种生理感觉。既然颜色是一种感觉，那么由于每个人的生理结构、认知、理解、表达的不同，人们描述颜色的结果也会不同。在调色时如何统一汽车用户、维修人员、调色人员的感觉呢？这就需要对颜色进行定性、定量的描述。

（1）颜色的属性。尽管颜色很多，但所有颜色都有 3 个共同点，即一定

颜色的属性及其表示方法

的色彩相貌、一定的明亮程度和一定的浓淡程度。人们把颜色的这3个共同点称为颜色的3个属性或特性，分别称为色调、明度和彩度。无论什么颜色，都可以用这3种特性来定性、定量地描述。颜色的这3种特性可以用仪器测定，也可以通过目测比较评定。目测比较评定颜色分类和说明颜色变化规律是最简练、最易接受的一种方法。

①色调。色调又称为色相或色别，是色彩最显著的特征。色调表示一定波长的单色光的颜色相貌，是能够比较确切地表示某种颜色类别的名称，如红、橙、黄、绿、青、蓝、紫，每个名称都代表一类具体的色调，如图7-7所示。紫红、红、红黄等都是红色类中各个不同的色调，这3种颜色之间的差别就属于色调的差别。

在描述色调时一般用"偏什么"来表述，如偏红、偏黄、偏蓝等。

②明度。明度又称为亮度、深浅度或黑白度等。明度是表示一个物体反射光线多少的颜色属性，是人们所看到的颜色引起视觉上的明暗程度的感觉。同一色调可以有不同的明度，比如图7-8中的纵向颜色是同一色调，它们之间的差别主要是明度的差别，也就是颜色深浅度的差别。不同的色调也可以有不同的明度，如在太阳光谱中，紫色的明度最低，红色和绿色的明度中等，黄色的明度最高，所以人们感到黄色最亮。

在描述明度时一般用偏暗、偏亮或偏深、偏浅来表述。

图7-7 色调

图7-8 同色调的明度变化

③彩度。彩度又称纯度或饱和度，是指反射或透射光线接近光谱色的程度。也可以说是表示颜色偏离具有相同明度的灰色的程度，如图7-9所示。彩度可分为0~20挡，一般彩度小于0.5的为无彩色，彩度接近20就接近饱和。彩度是颜色在心理上的纯度感觉，在可见光谱中各种单色光是最纯的颜色，为极限纯度。描述彩度时一般用偏鲜艳、偏浑浊来表述。

图7-9　彩度的变化

（2）颜色的表示方法。用一个三维空间的立体枣核形可以把颜色的3个属性（色调、明度、彩度）全部表示出来，一般称其为色立体。在色立体中，垂直轴代表黑白系列明度的变化，顶端是白色，下端是黑色，中间是各种灰色，中间最大的圆周代表色调，圆周上的各点代表光谱上各种颜色的色调，如红、橙、黄、绿、青、蓝、紫等（圆心是垂直轴的中心，为中灰色，中灰色的明度和圆周上各色调的明度相同）；从圆周向圆心过渡表示颜色彩度逐渐降低，颜色色调和彩度的改变不一定伴随明度的变化，颜色在色立体同一平面上变化时，只改变色调和彩度而不改变明度。只要颜色离开圆周，它就不是彩度饱和的颜色了。

色立体是理想化的示意模型，目的是使人们更容易理解颜色的3个属性的相互关系。在汽车修补漆调色练习中，人们以蒙塞尔颜色系统（如图7-10所示）为理论基础制作出颜色标绘图（如图7-11所示）。理论上，要在平面表示一个三维空间，至少要用两个平面坐标，为了清楚地表达颜色的3个属性，颜色标绘图中用了3个平面坐标。

通常在调色比较两块色板时，并不需要定量地描述这两块颜色的3个参数，只要分析两块色板或颜色之间的差别就可以。例如，比较图7-12所示的两块红色样板，经过对比发现：A板显得蓝些，B板显得黄些；A板显得深些，B板显得浅些；A板显得灰暗些，B板显得鲜艳些。

这样可以在平面标绘图上简单、明了地表示两个或两个以上的颜色之间的差别，如图7-12所示。只有把颜色的差别明确无误地标绘出来，才能通过正确的调色程序缩小颜色的差别。

图 7-10 蒙塞尔颜色系统

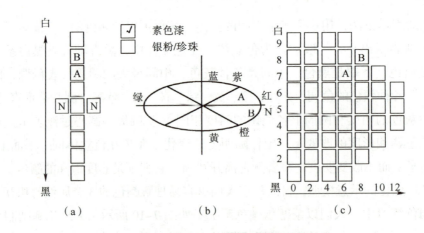

图 7-11 颜色标绘图
（a）亮度；（b）色调；（c）彩度

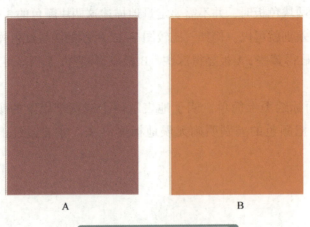

图 7-12 比较颜色

4. 调色的工艺流程

调色的工艺流程如图 7-13 所示。

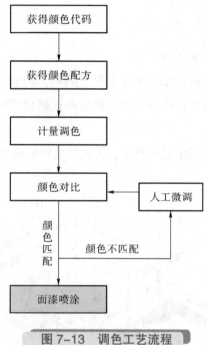

图 7-13　调色工艺流程

任务实施

（一）作业准备

1. 工具设备的准备

调漆机、色卡、色母挂图、电子秤、颜色分色仪、配色灯箱、烘箱、涂料罐、调漆尺、喷涂试板。

2. 防护用品的准备

工作服、工作鞋、工作帽、线手套、防尘口罩、护目镜、耳塞。

3. 实训器材的准备

计算机、工作台等。

（二）操作步骤

1. 获取颜色代码

获得颜色代码的方法有以下 3 种：

（1）查询车辆维修手册。通过车辆维修手册上的相关内容找到颜色代码。

（2）在车身上查找相应的颜色代码铭牌。通过查找颜色代码铭牌获得颜色代码的方法分为以下 3 步：

①查找颜色代码铭牌。不同型号的汽车，其颜色代码铭牌所在位置有所不同，如图 7-14 和表 7-1 所示。

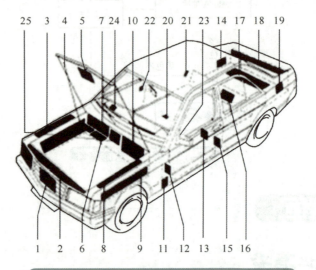

图 7-14　常见颜色代码铭牌所在位置示意

表 7-1　颜色代码铭牌位置

车厂车牌	对应中文	漆码位置	车厂车牌	对应中文	漆码位置
Alfa Romeo	阿尔法 罗密欧	5,7,8,18,19	Lotus	莲花	3,9,10
Dacia	达起亚	7,10,19	Mazda	马自达	2,3,5,7,10,15,21
BMW	宝马	3,4,8	Mercedes Benz	奔驰	2,3,8,10,12
Chrysler	克莱斯勒	4,7	Mitsubishi	三菱	2,3,7,8
Citroen	雪铁龙	3,4,7,8,10	Nissan	尼桑	2,4,5,7,8,10,15
Daewoo	大宇	2	Opel	欧宝	2,3,4,7,8,10,19
Daihatsu	大发	1,2,7,10	Peugeot	标致	2,3,4,7,8,9
Ferrari	法拉利	2,5,8,14,18,19	Porsche	保时捷	5,7,10,12,14,15

续表

车厂车牌	对应中文	漆码位置	车厂车牌	对应中文	漆码位置
Fiat	菲亚特	2,3,4,5,10,18,19	Renault	雷诺	3,4,5,7,8,10,19
Lancia	兰西亚	2,4,5,7,10,12,18	Rolls Royce	劳斯莱斯	8
Ford	福特	2,3,7,8,10,15,22	Saab	绅宝	4,8,10,16,17,20
GM	通用	19	Seat	喜悦	8,10,17,18
Honda	本田	3,10,15,18	Skoda	斯柯达	8,10,17
Hyundai	现代	7	Ssangyong	双龙	6
Isuzu	五十铃	2,7,10,13,15	Subaru	斯巴鲁	1,2,3,8,10
Jaguar	美洲豹	2,5,12,13,15,22	Suzuki	铃木	3,4,7,8,10,21
Kia	起亚	10	Toyota	丰田	3,4,7,10,19
Lada	拉达	4,5,17,18	Volkswagen	大众	1,2,11
Land Rover	陆虎	2	Audi	奥迪	14,17,18,19
Lexus	雷克萨斯	10	Volvo	沃尔沃	2,3,4,6,7,10

②查找颜色代码铭牌上的颜色代码。不同品牌的汽车，其颜色代码的表示方法各有不同，如图7-15中圆圈所示为丰田汽车的颜色代码，图7-16中圆圈所示为大众汽车的颜色代码。

图7-15 丰田汽车颜色代码铭牌上的颜色代码

图7-16 大众汽车颜色代码铭牌上的颜色代码

③将色卡与车身待涂表面的颜色进行比较，找出最接近的色卡。当找不到颜色代码铭牌或车身颜色与代码颜色不符时，可以直接将色卡与车身表面的颜色进行对比，找出颜色最接近的色卡（如图7-17所示），再查看色卡上的颜色代码（如图7-18所示）。

如果没有十分匹配的色卡，当调配纯色漆时，应该选择彩度和亮度比车身颜色高的色卡，在这个色卡的基础上进行微调，因为纯色漆很容易从鲜艳、明亮向灰暗方向调整；当调配金属漆时，最好选择一个侧视稍暗的色卡或一个正面偏亮、侧视偏暗的色卡，在这个色卡配方的基础上调色，很容易通过加大控色剂或白色把颜色校正过来。

图 7-17 色卡对比

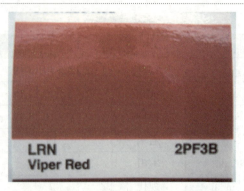

图 7-18 色卡上的颜色代码

2. 获取颜色配方

获取颜色配方的方法有以下 3 种：

（1）利用色卡获得颜色配方。有的涂料厂家会将一些常用的颜色配方直接印在色卡背面（如图 7-19 所示），这样可以更方便、快捷地获得颜色配方。但是受制于大小，一般色卡能提供的信息量不是很大，如一般只提供 1L 的配方量，需要其他量的时候要先计算好再调配。

（2）利用胶片获得颜色配方。早期涂料厂家一般将颜色配方及其相关信息浓缩在微缩胶片上，可利用放大设备进行查找（如图 7-20 所示）。当计算机普及之后人们发现这种方式较烦琐，更新不方便，故很少使用。

图 7-19 色卡及颜色配方　　图 7-20 微缩胶片及放大器

（a）微缩胶片；（b）放大器

（3）利用配方软件获得颜色配方。利用配方软件获得颜色配方的方法由于更新方便、查找迅速、信息量大等特点，目前使用较多。下面以某品牌的颜色配方软件为例，介绍利用配方软件获得颜色配方的方法。

① 运行程序，打开颜色配方软件，如图 7-21 所示。

②单击"代码"按钮,弹出"生产商颜色代码搜索"对话框,如图7-22所示。

③在代码栏里输入颜色代码,如图7-23所示,然后单击"确定"按钮,弹出"选择颜色"对话框,如图7-24所示。

④分析"选择颜色"对话框提供的信息(如颜色名称、地区、日期、部位、生产商、车型等),找出需要的颜色名称栏,单击"确定"按钮,弹出颜色配方对话框,在此对话框中可获得颜色配方及相关信息,如图7-25所示。

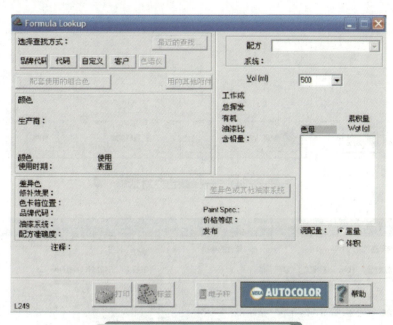

图7-21 颜色配方软件窗口

图7-22 "生产商颜色代码搜索"对话框

图7-23 输入颜色代码

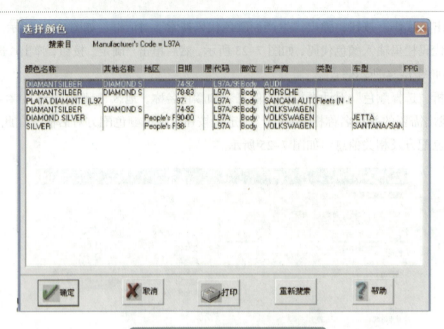

图 7-24 "选择颜色"对话框

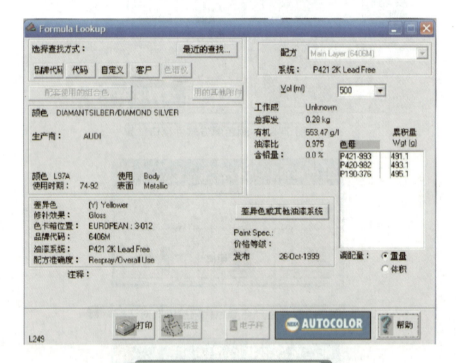

图 7-25 "颜色配方"对话框

3. 计量调色

获得颜色配方之后,按照需要的量依次称量色母,具体操作步骤如下:
(1)穿戴好防护用品。

（2）根据颜色配方确认色母的品种及数量是否足够，再将调漆机打开进行充分搅拌，保证所有色母搅拌均匀。

（3）将电子秤放平、放稳，然后打开电源开关进行预热。

（4）准备好盛放涂料的容器并放置在电子秤上，同时将电子秤清零，如图7-26所示。

（5）按颜色配方所示的量，依次加入色母，完成计量调色，如图7-27所示。

图7-26 将电子秤清零

图7-27 计量调色

在计量调色时应注意以下几点：

（1）对颜色有把握时可以需要多少调多少，没有把握时先根据颜色配方调出小样。

（2）电子秤的精度是0.1，第二位的小数部分看不到，需要在估算。一般而言，一小滴色母的质量为0.02~0.05g。电子秤不具备四舍五入功能，如对于0.19g，电子秤显示0.1g，所以实际的质量一般比显示的质量大。因此，在理论上要准确调配一个配方，每个色母的最小加入量应该在0.5g以上，当配方量放大到1L时，颜色也是准确的。

（3）注意累加量和单独计量的区别。很多调漆人员习惯使用累加量调漆，即每次加完色母后电子秤不归零，直接在其上面添加第二个色母。正如上面所讲，每次的误差不断积累，后面所加的色母会偏少。如涂料的质量是6.19g，显示是6.1g，这时只要滴加一小滴色母，电子秤立即显示6.2g。这种差量虽然不大，但在加入少量对颜色影响较大的色母时，误差就会很大。实际选择使用哪种称量方式要灵活掌握，重要的是要知道哪些误差会影响调色精度。

4. 颜色对比

按照颜色配方调配的颜色不一定与需要的颜色完全匹配，所以在喷涂之前需要进行颜色对比。颜色对比的一般程序如下：

（1）将计量调色调好的油漆搅拌均匀。

（2）将油漆施涂在试板上。

如果是纯色漆，那么建议采用试杆施涂法，即将涂料用试杆涂抹在试板上（如图7-28所示）；如果是金属漆或珍珠漆，应该采用喷涂试板的方法将涂料按工件喷涂的工艺要求喷涂在试板上（如图7-29所示）。

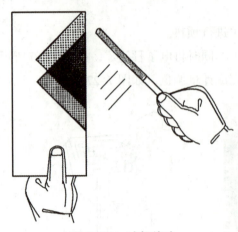

图7-28　试杆施涂　　　　　　图7-29　喷涂试板

> ⚠️ **注意事项**
>
> ①施涂试板的面积太小，将影响对颜色的判断，所以一般要求施涂试板的最小尺寸为30mm×30mm，喷涂试板的最小尺寸为100mm×150mm。
>
> ②不管是试杆施涂还是喷涂试板，都要保证涂膜盖住底材。

（3）静置一段时间后，将试板置入烘箱中烘烤。

如果在施涂后直接将试板放入烘箱中烘烤，会导致涂料表面产生小孔，影响颜色的判断，所以一般需静置5~10min再进行烘烤。

（4）将试板放在标准色板旁边进行对比，如图7-30所示。

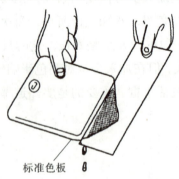

图7-30　颜色对比

进行颜色对比时要注意以下几点：

①放置时将试板和标准色板或工件放在同一平面，采用同时对比的方法进行比较。

②标准色板比色的部位应该光泽度高，颜色准确。如果表面已氧化或有细微缺陷，应在用抛光剂处理好之后再进行比较。

③最好选择在自然光环境或具有接近日光光源的场所比色。

④不要受周围环境色的影响。

⑤比较时为了准确判断颜色，至少要从3个不同的角度观察（如图7-31所示），即直接观察、间接观察和正面观察。

⑥观察时，视距的远近要随物体的大小而改变。一般在观察车身时视距为3~5m，观察小试板时视距为1m左右。

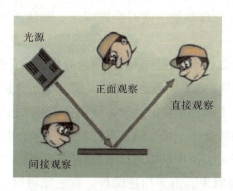

图7-31　比色时的观察角度

（5）根据颜色的3个属性，分别从明度、色调和彩度3个方面进行比较，并把比较结果标注在颜色标绘图中。

如果试板的颜色与标准色板的颜色相差较大，就需要对颜色进行人工微调；如果颜色比较接近，能通过喷涂技巧或过渡的方法使颜色基本一致，就不需要人工微调。两个颜色完全一致几乎是不可能的。

5. 人工微调

通过颜色配方调出来的油漆，一般与标准色板的颜色是比较接近的，它们之间的主要差异主要在明度方面。所以在人工微调时，一般按照图7-32所示的思路进行：

图7-32　人工微调的思路

（1）明度的调整。查看颜色标绘图，当试板的颜色比标准色板的颜色深时，可以通过添加白色、银色或其他浅色色母来调整。当试板的颜色比标准色板的颜色浅时，可以通过添加黑色或其他深色色母来调整。

（2）色调的调整。通过颜色标绘图上的标记，分析标准色板的颜色相对于试板的颜色偏向什么色调，然后分析通过添加哪种色母能达到标准色板偏向的色调。每种颜色的色调可以向两个方向调整，如红色可以向黄色或蓝紫色的方向调整，黄色可以向红色或绿色的方向调整，蓝色可以向红紫色或绿色的方向调整等。

（3）彩度的调整。当试板的颜色比标准色板的颜色鲜艳时，可以加入少量黑色或白色色母使颜色变浑浊（加入黑色色母会使颜色变深，加入白色色母会使颜色变浅）；当试板的颜色比标准色板的颜色浑浊时，可以加入适量的饱和度较高的色母来改变彩度，但是有时从成本上考虑，最好选择一个颜色较鲜艳的颜色配方重新调配。

上面介绍的人工微调只是很简单的调整方法，在具体调配时还应注意以下几点：

（1）加入任何一个色母都可能引起颜色的其他两个属性的变化，所以添加色母时需要综合考虑。如加入黑、白色色母调整明度时会把颜色变浑浊，调整色调也会同时改变明度和彩度等。

（2）每次添加色母时，应先小量试加，观察颜色的变化，看颜色走向是否正确，在颜色走向正确时，再判断添加的量；如果颜色走向错误，需要重新分析添加什么颜色的色母合适。一定要避免在不确定的情况下添加太多的色母，导致整个油漆报废。

（3）在没有确切把握的情况下，每次最好只针对颜色的一个属性进行调整。

（4）每次调整完后，一定要制作试板进行颜色对比。

（5）颜料有不同的沉降效果。由于白色颜料、黄色颜料等一些颜色较浅的颜料的密度较大，在刚刚喷涂时，颜料颗粒被均匀分散，颜色会显得较浅，在涂膜慢慢干燥的过程中，重的颜料会沉到下面，轻的颜料留在上面，所以颜色会由浅变深，所以在调漆时一般要求湿漆调配的颜色比标准色板的颜色浅、淡一些。这也是刚喷涂完的漆面和干涸后的漆面颜色不同的原因。

（6）尽量不选用遮盖力比较差的色母作为主色，即使不得不选用，也要尽量搭配高遮盖力的色母。

（7）调配白色时尽量选用低强度的色母，也就是透明的色母。强度高的色母其浓度一般是低强度色母的几倍，即使1L里面只用一滴，在白色中也能明显地反映出来，因为人眼对白色的分辨能力比别的颜色强，所以选用低强度色母的好处是微调时容易控制变化范围。

（8）黑色的表面光泽对判断其色差起着决定性的作用。新喷涂的黑色由于表面光泽太高而容易给人造成新修理漆面过黑的误解，可以先打蜡抛光再进行比较，甚至可以在喷涂前加入少量白色色母以使原黑色配方稍微浑浊一点。

（9）当调配因长时间暴露而褪色的颜色时，可以添加少量的白色或黄色色母。

（10）颜色异构。颜色异构就是在不同的光源（例如阳光和灯光）反射下颜色的偏差有所不同。在室内看起来比较准确的颜色，到了室外再看颜色就走了样，如图7-33所示。

常用的判断方法是在日光和日光灯下进行比较。一般在日光下调出的颜色，不一定能通过日光灯的考验；而在日光灯下调出的颜色，在日光下往往是比较准确的。在工作中可以采用在透过车间顶棚的光和车间外充足的光线下作比较，在烤漆房内、外作比较等方法进行检验。

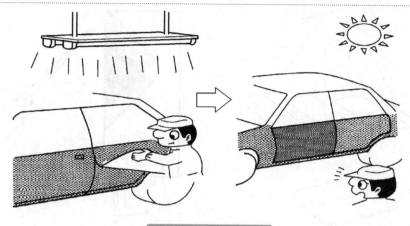

图 7-33 颜色异构

颜色异构在颜色调配中是相当常见的现象，其所造成的色差也较小，如果出现了严重的颜色异构现象，基本上都与色母选用不当有关。这时仅在原配方的基础上增减色母数量已经不能很好地解决问题了，一定要改变所用的色母。

如果在刚开始微调时不确定到底缺少哪个颜色，不知道从颜色的哪个属性调起，也可以按以下方法进行微调练习：

（1）按颜配方中色母的数量准备量杯，并在每个量杯里加入等量的涂料，如图 7-34 所示。

（2）往每个量杯中添加少量的颜色配方中的各色色母（如图 7-35 所示），记录所加的量，然后彻底混合。

（3）使用试杆施涂法，将各个量杯中混合后的涂料施涂到试板上，并与标准色板进行对比，找出最接近的色板，如图 7-36 所示。

（4）按最接近的色板所添加的色母种类再少量添加，记录所添加的量，并用试杆重叠施涂（如图 7-37 所示），然后与标准色板进行对比。

（5）重复步骤（4）的操作，直至确定颜色基本一致为止，如图 7-38 所示。

（6）喷涂试板，确定最终的颜色是否一致，如图 7-39 所示。

（7）累加色母的添加量，计算所占小杯涂料的百分比，再将大杯涂料按此百分比调配好。

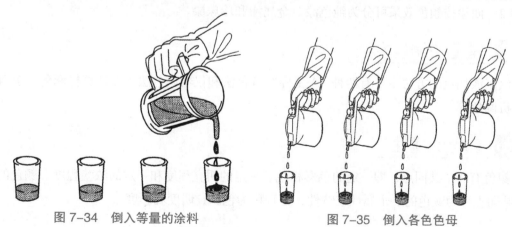

图 7-34 倒入等量的涂料　　　　　　图 7-35 倒入各色色母

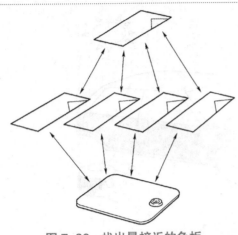

图 7-36 找出最接近的色板

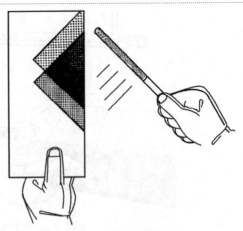

图 7-37 重叠施涂

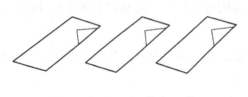

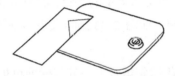

图 7-38 再次找出最接近的色板

图 7-39 喷涂试板

学习小结

1. 汽车面漆的分类

（1）面漆按涂装工序可分为单工序面漆、双工序面漆和三工序面漆。

（2）面漆按颜色效果可分为纯色漆、金属漆和珍珠漆。

2. 常见的调色方法

汽车漆调色的方法主要有两种：人工经验调色法和仪器调色法（如计算机调色、全自动计算机调色等）。

3. 颜色的属性

颜色有 3 个共同点，即一定的色彩相貌、一定的明亮程度和一定的浓淡程度。颜色的这 3 个共同点称为颜色的 3 个属性或特性，分别称为色调、明度和彩度。

任务评价

任务评价见表7-2。

表7-2 面漆调色操作考核评价表

考核项目	评分标准	分数	学生自评	小组互评	教师评价	备注
团队合作	是否和谐	5				
活动参与	是否积极主动	5				
任务方案	是否正确、合理	15				
安全生产	有无安全隐患	10				
操作过程	面漆的调色	30				
任务完成情况	是否圆满完成	5				
工具使用情况	是否规范标准	10				
劳动纪律	能否严格遵守	5				
现场5S管理	是否做到	10				
工单填写	是否完整、规范	5				
总 分		100				
教师签名		年 月 日			得分:	

面漆的喷涂

任务目标

（1）了解常用汽车修补面漆的特点及必须具备的性能。
（2）熟悉涂料选配时要考虑的因素。
（3）能够按照正确的工艺流程进行面漆的喷涂作业。

面漆的喷涂

知识准备

1. 常用的汽车修补面漆的种类及特点

按成膜物质种类，汽车修补面漆可分为双组分丙烯酸聚氨酯涂料、醇酸树脂涂料和硝基树脂涂料，如图7-40所示。它们的特点如下：

（1）双组分丙烯酸聚氨酯涂料。双组分丙烯酸聚氨酯涂料是目前汽车修补涂装行业中使用最多的一种涂料。经严格施工控制的此类面漆系统一般最少可以提供3~5年的性能质量保证。双组分丙烯酸聚氨酯涂料的特点见表7-3。

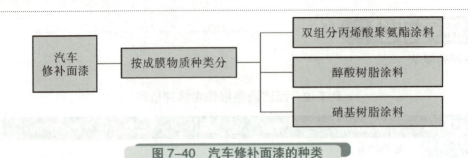

图 7-40　汽车修补面漆的种类

表 7-3　双组分丙烯酸聚氨酯涂料的特点

优　点	缺　点
耐候性好	施工较复杂，使用条件要求较高
光泽度高，涂料保光性较好	干燥较慢
黏度较低，容易施工，涂料流平性较好	成本较高
涂膜的力学性能及耐化学品性能好	—

⚠ 注意事项

由于双组分丙烯酸聚氨酯涂料中的固化剂内含有异氰酸酯成分，对人体的呼吸道有较大不良影响，因此在使用此类涂料时一定要注意劳动保护，最好使用供气式面罩。

（2）醇酸树脂涂料。醇酸树脂类涂料的特点见表 7-4。

表 7-4　醇酸树脂类涂料的特点

优　点	缺　点
成膜较厚	干燥时间长
光泽度高（与以前的硝基类涂料比）	重涂时间长
流动性好	对施工环境要求高
使用温和的溶剂	打磨性差
成本低	用作清漆时可能黄变

同双组分丙烯酸聚氨酯涂料相比，醇酸树脂涂料的干燥性、光泽度、耐候性等都比较差，因此在中高档汽车修补涂装中很少使用，但在货车、低档客车及一些要求不是很高的涂装作业中还在使用。

（3）硝基树脂涂料。硝基树脂涂料的特点见表 7-5。

由于硝基树脂涂料的各方面性能不是很理想，现在使用的一般是经过改性的热塑性丙烯酸硝基漆，其各方面性能有所提升，现在主要用于一些快干产品。

表 7-5 硝基树脂涂料的特点

优　　点	缺　　点
干燥较快	喷涂时固体含量低，成膜较薄，光泽度不高
对重涂时间要求低	使用强溶剂、低闪点溶剂，溶剂用量大
抛光性能好	耐候性较差，容易失光、粉化、变色
施工方便	—

2. 汽车涂装的基本要点

为保证汽车涂装的质量，获得最佳的经济效益，必须注意以下几个方面：

（1）涂装材料。涂装材料的质量和作业配套性是获得优质涂层的基本保障。涂料的种类很多，在选用涂料时要根据实际情况，从被涂件的质量要求、涂料的特点、涂膜的性能、施工性能、经济效益等方面综合考虑。如果忽视涂膜性能，单纯考虑涂料的价格，有时会明显影响涂膜质量，缩短涂层的使用寿命，从而造成更大的经济损失；如果涂料选用不当，涂层不配套，再好的涂料也难以保证质量。

（2）涂装工艺。涂装工艺的合理性、先进性，是充分发挥涂装材料的性能、获得优质涂层的必要条件，是降低生产成本、提高经济效益的先决条件。涂装工艺的合理性、先进性包括涂装技术的合理性和先进性，涂装设备的先进性和可靠性，以及涂装环境条件和工作人员的技能、素质等。

（3）涂装管理。涂装管理是确保所制定的涂装工艺得以认真实施，确保涂装质量稳定，达到涂装目的和最佳经济效益的重要条件。涂装管理包括工艺管理、设备管理、工艺纪律管理、质量管理、现场环境管理、人员管理等。在同等条件下，企业之间的竞争就是人才和管理的竞争，企业应从管理中要质量、要效益。先进的涂装工艺、涂装设备，如果缺乏科学的、严格的管理制度和措施，要达到满意的涂装效果和最佳的经济效益是不可能的。

上述 3 个方面是保证涂装效果的基本要素，它们之间相互依存、相互制约，忽视哪个方面都不可能达到预想的效果。

3. 涂料选配要考虑的因素

涂料选配要考虑的因素如下：

（1）被涂物的材质。由于各种物面材质的特性和吸附能力不同，因此需合理选用与物面材料性质相适应的涂料。常用汽车涂料与被涂物材质的适应性见表 7-6。

表 7-6 常用汽车涂料与被涂物材质的适应性

被涂物材质 涂料品种	钢铁	轻金属	塑料	木材	皮革	玻璃	织纤维
油脂漆	5	4	3	4	3	2	3
醇酸树脂漆	5	4	4	5	5	4	5
氨基树脂漆	5	4	4	4	2	4	4
硝基漆	5	4	4	5	5	4	5
酚醛漆	5	5	4	4	2	4	4
环氧树脂漆	5	5	4	4	3	5	—
氯化橡胶漆	5	3	3	5	4	1	4
丙烯酸酯漆	4	5	4	4	4	1	4
有机硅漆	5	5	4	3	3	5	5
聚氨酯漆	5	5	5	5	5	5	5

注：5 表示最好，……，1 表示最差。

（2）被涂物的使用环境。不同的地区和不同的气候对汽车的适应性有不同的要求。如南方湿热地区使用的汽车，要求涂料对湿热、盐雾、霉菌有良好的三防性能；在北方干寒地区使用的汽车，要求其涂料有一定的耐寒性能。另外在不同的环境下，对涂料的耐候、耐磨、耐冲击和耐汽油等性能都有不同的要求。各种涂料适应的环境条件见表 7-7。

表 7-7 各种涂料适应的环境条件

涂料品种 环境条件	酚醛漆	沥青漆	醇酸漆	氨基漆	硝基漆	过氯乙烯漆	丙烯酸漆	环氧漆	聚氨酯漆	有机硅漆
在一般条件下使用，但要求耐候性及装饰性好										
在一般条件下使用，但要求防潮性及耐水性好	☺	☺					☺	☺	☺	
在化工大气条件下使用或要求耐化学腐蚀性较好		☺				☺	☺	☺	☺	
在湿热条件下使用，要求三防性能好				☺		☺	☺	☺	☺	
在高温条件下使用										

注：标有 ☺ 标志的，说明适应性较好。

（3）涂料的施工方法。不同涂料由于性能的差异，所要求的施工方法不同，因此选用涂料要根据现有的涂装设备和涂料所适应的涂装方法进行选择。常用的施工方法和适用涂料见

表 7-8。

表 7-8 常用的施工方法和适用涂料

施工方法	适用涂料
刷涂	油性漆、酚醛漆、醇酸漆
浸涂	各种合成树脂涂料
电泳	各种水溶性电沉积涂料
压缩空气喷涂	各种硝基漆、氨基漆、过氯乙烯漆等
高压无气喷涂	各种类型涂料，特别是厚浆料、高不挥发分涂料，但不宜于粒度大的颜料涂料
静电喷涂	合成树脂涂料、高不挥发分涂料
静电粉末喷涂	粉末涂料

（4）涂料间的配套性。在汽车涂装中有各种底漆、中涂面漆，由于其性能不相同，并不是都能搭配。如果配套不当，会产生涂膜间附着力差、起层脱落、咬底泛色等现象，严重影响施工质量。各种金属与常用底漆、面漆的合理配套见表 7-9。

表 7-9 各种金属与常用底漆、面漆的合理配套

面漆类型	黑色金属	铝、镁及铝镁合金	锌及锌合金	铜及铜合金
酚醛漆	酚醛底漆、醇酸底漆	锌黄纯酚醛底漆、磷化底漆	锌黄环氧底漆、锌黄环氧醇酸底漆	酚醛底漆、磷化底漆
沥青漆	沥青底漆、酚醛底漆	沥青底漆	沥青底漆	沥青底漆
醇酸漆	醇酸底漆、环氧底漆	锌黄酚醛底漆、锌黄醇酸底漆	醇酸底漆	酚醛底漆、磷化底漆
氨基漆	醇酸底漆、氨基底漆、环氧底漆	锌黄环氧底漆	酚醛底漆、磷化底漆	环氧底漆
硝基漆	酚醛底漆、硝基底漆、环氧底漆、醇酸底漆	锌黄酚醛底漆、锌黄醇酸底漆、锌黄环氧底漆	酚醛底漆、醇酸底漆、环氧底漆	酚醛底漆、环氧底漆
过氯乙烯漆	酚醛底漆、醇酸底漆、过氯乙烯底漆、丙烯酸底漆、磷化底漆	锌黄酚醛底漆、锌黄醇酸底漆、锶黄、锌黄丙烯酸底漆、磷化底漆	酚醛底漆、醇酸底漆、环氧底漆、磷化底漆	酚醛底漆、过氯乙烯底漆、丙烯酸底漆、磷化底漆

续表

面漆类型	黑色金属	铝、镁及铝镁合金	锌及锌合金	铜及铜合金
丙烯酸漆	酚醛底漆、醇酸底漆、环氧底漆、丙烯酸底漆、磷化底漆	锌黄酚醛底漆，锶黄、锌黄丙烯酸底漆，磷化底漆	酚醛底漆、环氧底漆	酚醛底漆、环氧醇酸底漆
环氧漆	环氧底漆	锌黄环氧底漆	环氧底漆	环氧底漆
聚氨酯漆	聚氨酯底漆、硝基二道底漆	锌黄聚氨酯底漆	聚氨酯底漆	聚氨酯底漆

（5）涂层的厚度。涂膜的保护力一般是随涂膜厚度的增加而提高的。在不同的使用条件下，涂层的厚度应控制在一定的范围内。若涂层低于厚度的下限，就不能有满意的保护作用，还会出现露底或肉眼看不见的针孔，外界的水分、化学腐蚀介质等容易侵蚀到涂层内部，缩短涂层的寿命。涂层过厚会增加成本，还会引起回粘、起泡、皱纹等质量问题。通常涂层的控制厚度见表7-10。

表7-10 通常涂层的控制厚度

环境条件	控制厚度范围/μm	环境条件	控制厚度范围/μm
一般性涂层	80~100	有侵蚀液体冲击的涂层	250~350
装饰性涂层	100~150	耐磨损涂层	250~350
保护性涂层	150~200	厚浆涂层	350~1 000
有盐雾的海洋环境用涂层	200~250	—	—

4. 面漆修补涂装的工艺流程

面漆修补涂装的工艺流程根据施工工艺的不同，一般分为两种：单工序和双工序。三工序涂装跟双工序涂装大致相似，施工时可以参照双工序涂装的工艺流程，如图7-41所示。

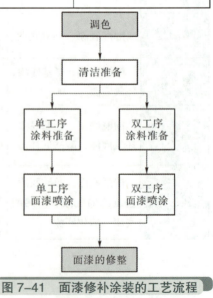

图7-41 面漆修补涂装的工艺流程

任务实施

(一) 作业准备

1. 工具设备的准备

喷漆房、空气压缩机及空气分配管道、油水过滤器、喷枪、喷涂支架、调漆比例尺、风枪、毛刷等。

2. 防护用品的准备

工作服、工作鞋、工作帽、线手套、防尘口罩、护目镜、耳塞。

3. 实训器材的准备

实施喷涂车辆、工作台等。

(二) 操作步骤

1. 喷涂前的准备

喷涂前的清洁工作会直接影响喷涂后的涂膜质量,所以在正式进行喷涂前必须做好以下3个方面的清洁工作。

1) 喷漆房的清洁

(1) 检查喷漆房的换气系统、照明装置工作是否正常。

(2) 检查喷漆房的密封性是否良好。喷漆房在长期使用时容易导致房门边的密封条老化和破损,如果不及时更换处理,就会导致灰尘进入,从而污染喷漆房。同时在喷漆时,漆雾也会从缝隙吹出,污染周围环境。

(3) 检查喷漆房的过滤系统是否干净。如果过滤棉较脏,就会在喷涂时产生灰尘,同时也会对过滤棉产生堵塞作用,影响正常的进气、换气及排气工作,从而对喷涂产生不良的影响。

(4) 检查喷漆房内的墙体及地面是否干净。如果喷漆房内的墙体和地面灰尘较多,那么最好用吸尘器清洁一遍。

2) 工件的清洁除油

(1) 用干净的湿毛巾将车门内外擦拭干净。如果车门较脏或油脂较多,建议用兑过清洁剂的水来擦洗。

(2) 用压缩空气将车门按从内至外的顺序多吹几遍,吹干表面的水分,同时除去表面的浮尘。

（3）用粘贴胶带和遮蔽纸将工件上不需要喷涂的部位保护起来。

（4）使用除油剂对需要喷涂的表面进行彻底的除油。因为是喷涂面漆前的最后一次除油，所以必须对整个需要喷涂的表面，包括缝隙、边角、夹层等进行彻底的除油，一般建议除油2~3遍。除油不彻底，最后会反映到面漆涂层上，造成涂膜缺陷，严重的会导致整个涂层的返工。

（5）使用粘尘布对整个需要喷涂的表面进行粘尘处理。

> ⚠️ **注意事项**
>
> 为了保证喷漆房的清洁和涂装质量，工序（1）和工序（2）要在喷漆房外进行，工序（3）~工序（5）要在喷漆房内进行。

3）施工人员的清洁

（1）更换专门的喷漆服。因为平常穿的工作服上灰尘较大，而且由于静电的原因很难清除干净，所以喷涂时最好换用专门用于喷涂工作的防静电喷漆服。

（2）用压缩空气将自己从头至尾吹一遍，以除去身上的浮尘。

2. 单工序涂料的调配

按照施工工艺的不同，汽车面漆修补涂装一般有单工序和双工序两种做法。由于这两种工艺使用的涂料类型不同，所以它们的调配方法是不一样的。现在采用单工序涂装的面漆一般使用的是双组分涂料，如双组分丙烯酸聚氨酯涂料，它的调配方法如下：

（1）穿戴好防护用品。

（2）用搅拌尺将之前调好颜色的涂料搅拌均匀。

（3）按照喷涂的面积所需要的量，将涂料倒入合适的容器或量杯当中。

> ⚠️ **注意事项**
>
> 每次调漆时必须按照用多少调多少的原则进行，杜绝浪费。

（4）查看产品技术说明，按照厂家所给的比例添加适量的固化剂、稀释剂，如图7-42所示。

对于双组分丙烯酸聚氨酯类涂料，可是不同厂家或同一厂家生产的不同型号的产品，其比例都会不一样。所以在使用具体产品前，一定要查看产品手册，以免出错，甚至影响最终的涂膜质量，造成不必要的浪费。

表7-11所示是本次使用的某品牌涂料单工序纯色漆的产品技术说明，通过表7-11可以看出单工序双组分纯色漆的调配比例及施工时的各项参数。

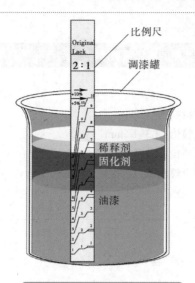

图 7-42 涂料比例示意

表 7-11 某品牌涂料单工序纯色漆的产品技术说明

	可选用的固化剂型号	P210-938（标准）/ 939（慢干）
	P420- 单工序纯色漆系列　　2 份 P210-938 / 939 固化剂　　　1 份 P850-2K 稀释剂　　　　　　5%~15%	
	20℃时：DIN 4 杯　　18~19s / BSB 4 杯　　23~25s 混合后使用寿命：3h	
	传统喷枪喷嘴口径： 重力式喷枪：1.3~1.6mm 吸力式喷枪：1.4~1.8mm 传统喷枪喷涂压力：3.3~3.7bar　　（50~55psi）	

续表

	可选用的固化剂型号	P210-938（标准）/939（慢干）
		环保喷枪喷嘴口径： 重力式喷枪：1.3~1.6mm 吸力式喷枪：1.4~1.6mm 环保喷枪喷涂压力：最大为 0.7bar / 10psi（风帽）
		2 个单层
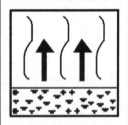		层间闪干约 5min，烘烤前无须闪干
		烘烤时金属温度： 70℃　　　　　　　20min 60℃　　　　　　　30min 可投入使用　　　　完全冷却后 20℃时风干： 不粘尘　　　　　　15min 指触干　　　　　　6h 可投入使用　　　　16h

注：① P420- 单工序纯色漆系列是某品牌涂料调色系统里的纯色漆色母系列，这里特指加了 P190-376（2K 调和清漆）的单工序双组分类型的纯色漆。

② 此表采用的比例是体积比。今后如果不作特别说明，本书所指都为体积比。

③ 特别要注意的是，固化剂和稀释剂有不同的型号，它们分别是对应不同的温度和条件的，在具体施工时应根据具体的情况选择。

（5）用搅拌尺对添加好的涂料进行彻底搅拌。

> ⚠️ **注意事项**
>
> 混合均匀后的双组分涂料有一个可以使用的最长时间，在这个时间里使用可以保证涂料的各项性能，超出这个时间可能会造成涂料变质及涂膜性能下降等现象，这个最长的可以使用时间称为"活化期"，又称为"可使用期"。如图7-43中圆圈部分所示，"混合后使用寿命：3h"表示此产品混合后要在3h内施工完毕，超过3h，就算涂料没有固化，也不能再使用。

（6）根据涂料特点和产品技术说明，选择合适口径的面漆喷枪，如图7-44中圆圈部分所示。一般为了节约涂料，可以选用环保喷枪；小面积修补或单件喷涂可以选用重力式喷枪；大面积喷涂可以选用吸力式喷枪。

（7）用过滤网将调配好的涂料过滤到喷枪里。如果需要检测及调整黏度，还应在过滤之前做好涂料的黏度调整工作。一般严格按照配方调配的涂料，其黏度可以达到最好的喷涂效果。面漆过滤时要选择400目或更细的滤网。

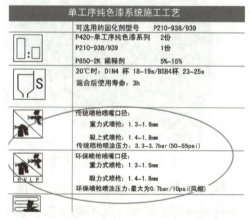

图7-43　涂料的混合使用寿命　　　　图7-44　喷枪选择及相关技术参数

3. 单工序面漆喷涂

面漆的喷涂根据涂料的特点、喷涂面积等因素，喷涂方法各有不同，一般面漆喷涂的操作步骤如下：

（1）穿戴好防护用品。

（2）连接进气管，并调整好喷枪。

调整喷枪时主要调整油漆的出漆量、喷涂幅度及喷涂压力。在调整油漆出漆量和喷涂幅度时，一般建议将旋钮开到最大；调整喷涂压力时，传统喷枪喷涂压力一般为0.35~0.5MPa，环保喷枪喷涂压力一般为0.2~0.25MPa，具体的参数还应该参考具体的产品说明进行调整。

（3）在喷涂试板上做雾形测试，调整喷枪，确保喷枪雾形及雾化达到最好效果。

（4）喷涂面漆。

①第一遍预喷涂。将工件表面从上往下雾喷薄薄的一层。此次喷涂一定不能过厚，只要达到均匀的、薄薄的一层，有轻微的光泽即可，如图7-45所示。

雾喷的目的：一是提高涂料与旧涂膜的亲和力；二是确认有无排斥的现象，防止出现鱼眼、咬底或渗色等涂膜缺陷。

第一遍雾喷后，仔细检查涂层，如果涂膜出现了轻微的鱼眼，可以等涂膜稍干之后在鱼眼部位薄薄地雾喷1~2遍以盖住鱼眼。如果鱼眼较严重、面积较大或出现的是咬底、渗色等缺陷，就必须等涂层彻底干燥之后再进行相应的处理。如果涂膜没有出现缺陷，可以静置3~5min后喷涂第二遍。

②第二遍喷涂。将工件按照先内后外、先边后面、先上后下的顺序正常喷涂一层，如图7-46所示。

图7-45　第一遍预喷涂

图7-46　第二遍喷涂

第二遍喷涂的目的是基本形成厚度一致、颜色均匀、平整光滑的涂膜层，所以要求涂层要达到一定的厚度，既不能太厚，也不能太薄，太厚容易流挂，太薄可能影响遮盖力和最终的涂膜厚度。对于面漆遮盖力比较差的涂料，正常喷涂第二道之后还有明显的没有盖住底层的情况时，应该在静置5~10min后，重新喷涂第二遍，确保在此次喷涂时基本上盖住底层。

在喷涂的过程中，除了要注意喷涂的基本操作要领之外，还应该边喷边观察成膜的效果，适当调整喷枪。

喷涂车门表面时建议按照图7-47所示的顺序喷涂。经第二遍喷涂后，涂膜还比较湿润，涂料还在流平过程中，同时涂料中还存有很多等待挥发的溶剂，所以，后一涂层不能马上施工，应该静置片刻，静置时间应视环境温度、涂料品种和厚度等确定。如此次使用的产品建议的静置时间为图7-48中圆圈部位所示。

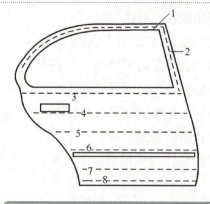

图 7-47 车门正面的喷涂顺序

在实际施工时,应通过用手指触摸的方法检查涂料的干燥情况,如用手指轻轻触摸车门上不重要位置或车门边缘的胶带,若湿涂膜已不粘手,则可喷涂第三层。

③第三遍喷涂。按照第二遍喷涂的顺序及方法正常喷涂一层。

第三遍喷涂的目的是达到最终的面漆装饰效果(如图 7-49 所示),如涂膜厚度均匀丰满、纹理平整光滑、颜色一致、光泽度高、无流痕、无明显缺陷等。

图 7-48 涂层静置时间　　　　　图 7-49 第三遍喷涂

为了达到更细腻光滑的雾化效果,在喷涂之前可以适当地将涂料黏度调稀一点,将压力调高一点。

最后一遍喷涂完毕应该马上检查整个涂面的效果,如果存在橘皮较重、涂膜不均匀或漏喷等现象,应立即进行回喷补救。

4. 双工序涂料的准备

双工序涂层是由底色漆层和罩光清漆层所组成的。双工序涂料的调配包含底色漆调配和罩光清漆的调配两个方面。

(1)底色漆调配的操作步骤如下:

①穿戴好防护用品。

②将之前调好颜色的涂料用搅拌尺搅拌均匀。

③按照喷涂的面积所需要的量,将涂料倒入合适的容器或量杯当中。

④按照具体产品的比例添加合适量的稀释剂。双工序涂层中的底色漆使用的是单组分产品,在施工时直接添加合适量的稀释剂,调整好黏度即可。不同品牌及同一品牌不同型号的涂料添加的稀释剂比例有所不同,在施工时要查看具体产品的技术说明。同时在选择稀释剂时要根据施工温度及面积选择合适的型号产品。

如本次施工使用的某品牌底色漆与稀释剂的比例为1∶1,稀释剂的选择如图7-50中圆圈部位所示。

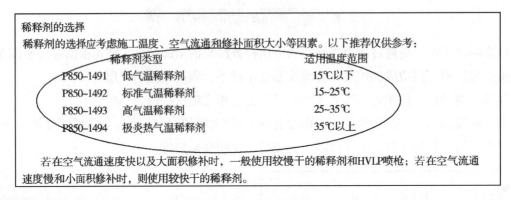

图7-50 稀释剂的选择

⑤对添加好的涂料进行彻底搅拌。

⑥根据涂料特点和产品技术说明,选择合适口径的面漆喷枪。

⑦用过滤网将调配好的涂料过滤到喷枪里。

(2)罩光清漆的调配。罩光清漆使用的一般也是双组分丙烯酸聚氨酯类型的涂料,所以它的调配方法和单工序双组分涂料的调配方法相同。

在调配时需要注意每种产品都有配套的固化剂及稀释剂,在不确定的情况下,最好不要混用。固化剂与稀释剂要根据施工工艺、施工温度及具体条件来选用。表7-12所示为某品牌P190-6850罩光清漆施工工艺的技术说明;表7-13所示为某品牌涂料固化剂的使用说明。

表7-12 某品牌P190-6850罩光清漆施工工艺的技术说明

工艺	高温工艺	快干工艺	标准工艺
固化剂	P210-845 慢干高固固化剂	P210-842 快干高固固化剂,适用于小、中面积修补	P210-8430/844 标准高固固化剂,适用于各种类型的修补

续表

工艺	高温工艺	快干工艺	标准工艺
	P190-6850　2份 P210-845　1份 P850-2K 稀释剂 0~5%	P190-6850　2份 P210-842　1份 P850-2K 稀释剂 0~5%	P190-6850　2份 P210-8430 / 844　1份 P850-2K 稀释剂 0~5%
	20℃时： DIN 4 杯 18~20s （23~26s　BSB4） 混合后使用寿命：2~4h	20℃时： DIN 4 杯　17~18s （21~24s　BSB4） 混合后使用寿命：1.5h	20℃时： DIN 4 杯　17~18s （21~24s　BSB4） 混合后使用寿命：2~4h
	喷嘴： 重力式：1.3~1.6mm 吸力式：1.4~1.8mm 压力：3.5~4.0bar	喷嘴： 重力式：1.3~1.5mm 吸力式：1.4~1.6mm 压力：3.5~4.0bar	喷嘴： 重力式：1.3~1.5mm 吸力式：1.4~1.6mm 压力：3.5~4.0bar
HVLP	喷嘴： 重力式：1.2~1.4mm 吸力式：1.4~1.6mm 压力：（风帽）最大 10psi	喷嘴： 重力式：1.2~1.4mm 吸力式：1.4~1.6mm 压力：（风帽）最大 10psi	喷嘴： 重力式：1.2~1.4mm 吸力式：1.4~1.6mm 压力：（风帽）最大 10psi
	1 个单层	2 个单层	2 个单层

续表

工艺	高温工艺	快干工艺	标准工艺
(涂层闪干示意图)	涂层间闪干 5~10min 烘烤前无须闪干	涂层间闪干 5~10min 烘烤前无须闪干	涂层间闪干 5~10min 烘烤前无须闪干
(时钟示意图)	金属温度 60℃烘烤 40min，完全冷却后可使用	金属温度 60℃烘烤 40min，完全冷却后可使用	金属温度 60℃烘烤 40min，完全冷却后可使用

表 7-13　某品牌涂料固化剂的使用说明

施工环境温度	固化剂类型	适用的产品及说明
<15℃	P210-790 2K 超快干固化剂	低气温及板块修补用，可用于 P420 纯色漆、P190-6060 超劲皇牌清漆、P190-538 标准清漆等面漆，适用于气温 15℃以下的板块内修补。不可用于中涂底漆和大面积喷涂
	P210-842 2K 快干高固固化剂	可用于 P565-895 无铬环氧底漆、P565-777 超能免磨底漆、P565-510/511 高固含量厚膜底漆、P420 系列纯色漆、P190-6850 极品清漆等，适用于气温 15℃以下
15℃~25℃	P210-938 2K 固化剂（中低气温用）	可用于 P565-895 无铬环氧底漆、P565-777 超能免磨底漆、P565-510/511 高固含量厚膜底漆、P565-668 透明底漆、P420 系列纯色漆、P190-6060 超劲皇牌清漆等，适用于低气温 15℃~25℃
	P210-760 2K 中浓度固化剂	P190-538 标准清漆配套固化剂，适用于气温 15℃以上
20℃~25℃	P210-8430 2K 高固固化剂（标准快干）	可用于 P565-895 无铬环氧底漆、P565-777 超能免磨底漆、P565-510/511 高固含量厚膜底漆、P420 系列纯色漆、P190-6850 极品清漆等，适用于气温 20℃~25℃
25℃~30℃	P210-844 2K 高固固化剂（标准）	可用于 P565-777 超能免磨底漆、P565-510/511 高固含量厚膜底漆、P420 系列纯色漆、P190-6850 极品清漆等，适用于气温 25℃~30℃

续表

施工环境温度	固化剂类型	适用的产品及说明
25℃~30℃	P210-939 2K 固化剂（高气温用）	可用于 P565-895 无铬环氧底漆、P565-777 超能免磨底漆、P565-510/511 高固含量厚膜底漆、P565-668 透明底漆、P420 系列纯色漆、P190-6060 超劲皇牌清漆等，适用于高气温 25℃以上
大于 30℃	P210-845 2K 高固固化剂（慢干）	可用于 P565-777 超能免磨底漆、P565-510/511 高固含量厚膜底漆、P190-6850 极品清漆等，适用于气温 30℃以上

5. 双工序面漆喷涂

双工序面漆在喷涂时分为两部分：一是底色漆喷涂，二是罩光清漆喷涂。

1）底色漆喷涂的操作步骤

（1）穿戴好防护用品。

（2）连接进气管，并调整好喷枪。具体的参数应参考具体涂料的产品说明进行调整。

（3）在喷涂试板上做雾形测试，调整喷枪，确保喷枪达到最好雾形及雾化效果。

（4）将工件上面有中涂底漆的地方、面漆磨穿的地方、颜色与面漆颜色不一致的地方雾喷薄薄的一次。此层喷涂的目的是：防止出现咬底、提高亲和力、提高遮盖能力。

（5）第一遍整个工件喷涂。此次喷涂也是将整个工件表面雾喷涂薄薄的、均匀的一层，提高新喷涂料与旧涂层的亲和力，同时确认有无排斥涂料的部位，然后按涂料的技术说明静置几分钟，待涂层没有光泽之后即可喷涂下一层。

对于底材比较好的工件，如固化较好的旧涂层、整块喷涂过封闭底漆的表面，也可以不用雾喷，直接进入下一步的喷涂工作中。

（5）第二遍整个工件喷涂。按照合适的喷涂顺序将工件正常均匀地湿喷涂一遍，喷完后要求涂层要保证足够的湿润性，但是也不能太厚，因为底色漆里面的溶剂含量较多，涂料太厚容易流淌，形成色差及流挂。涂料太薄，涂层表面容易变粗糙，影响色漆纹理及颜色效果。

第二遍喷涂完毕，也要静置合适的时间，待涂膜表面没有光泽之后再检查涂膜的遮盖效果，如果没有盖住底材，应该按照第二遍的方法将工件整个喷涂 1~2 遍，直至彻底盖住底层为止。

（7）第三遍喷涂。按照适当的顺序将工件均匀地雾喷涂一遍，但是此层喷涂的目的是消除斑纹，所以要保证涂层干燥之后形成颜色、纹理一致的效果。

2）罩光清漆喷涂

罩光清漆是喷涂在最后一层的面漆，主要用于保护底色漆、银粉漆、珍珠漆等，可以提高涂膜的光泽度，使车体显出饱满、艳丽的色泽。

罩光清漆的喷涂手法与单工序面漆基本相同，它的一般喷涂方法如下：

（1）调整好喷枪，确保雾化效果及雾形最好。

（2）用粘尘布轻轻擦拭底色漆，除掉浮在表面的漆尘。

（3）按照合适的顺序、正常喷涂的方法喷涂第一遍清漆层。

（4）静置合适的时间，待表面不粘手之后，可适当调高喷涂压力第二遍喷涂清漆。

清漆一般喷涂两遍即可，喷涂完后也要达到最终的面漆效果，如涂膜均匀丰满、纹理平整光滑、颜色一致、光泽度高、无流痕、无明显缺陷等。

学习小结

1. 汽车面漆的分类

汽车面漆的分类如图 7-1、图 7-40 所示。

2. 面漆修补涂装的工艺流程

面漆修补涂装的工艺流程如图 7-41 所示。

任务评价

任务评价见表 7-14。

表 7-14 面漆的喷涂操作考核评价表

考核项目	评分标准	分数	学生自评	小组互评	教师评价	备注
团队合作	是否和谐	5				
活动参与	是否积极主动	5				
任务方案	是否正确、合理	15				
安全生产	有无安全隐患	10				
操作过程	面漆的喷涂	30				
任务完成情况	是否圆满完成	5				
工具使用情况	是否规范标准	10				
劳动纪律	能否严格遵守	5				
现场 5S 管理	是否做到	10				
工单填写	是否完整、规范	5				
总　　分		100				
教师签名		年　　月　　日			得分：	

项目八
面漆的修整

▶ **项目导入**

经过面漆涂装后的车门有时会出现流挂、麻点、橘皮等缺陷，影响面漆的装饰和保护效果，这时应按照面漆涂层的质量要求，对车门进行适当的处理。

项目八 面漆的修整

学习目标

知识目标
(1) 了解涂料和涂膜缺陷。
(2) 熟悉抛光及打蜡的作用。
(3) 掌握汽车面漆修整的工艺流程。

技能目标
能够根据汽车漆面处理工艺对面漆进行规范的修整。

素养目标
(1) 了解安全操作要求,重视人员身体安全与防护,养成安全文明操作的习惯。
(2) 养成组员之间相互协作的习惯。

项目任务

面漆的修整

任务目标

(1) 了解常见的涂料及涂膜缺陷的预防与处理。
(2) 掌握面漆修整的工艺流程。
(3) 能够按照正确的工艺流程对面漆进行修整作业。

面漆的修整

知识准备

1. 常见的涂料及涂膜缺陷的预防与处理

在涂装作业中,涂料或漆面会产生各种涂膜缺陷,它们一般与涂料的性质、底材的表面处理、涂料的选用、涂装工艺、涂装设备、涂装环境、涂装技术等因素有关。在施工中只有严格按照规范的储存保管要求及施工工艺进行操作,才能预防和避免出现各种问题,而一旦出现问题,要及时分析原因,制定合理的补救措施。涂料和涂膜缺陷的种类很多,产生的原因及预防、处理方法也不一样，常见的涂料及涂膜缺陷如下。

1）涂料在储运过程中的常见缺陷

（1）增稠、肝化、干涸。

①现象：罐内涂料在储运过程中变浓厚，黏度增高，超过技术条件规定的原涂料许可黏度上限的现象称为增稠，如图8-1所示。增稠严重时，涂料呈豆腐脑状或块状的现象称为肝化或干涸。

②产生的可能原因：

a. 涂料容器密封不严或其未装满桶，造成溶剂挥发，使涂料的黏度上升、增稠。

b. 空气中的氧气促进漆基氧化和聚合，使涂料胶凝。

c. 在运输过程中遇到高温或储存场所温度过高。

d. 储存期过长，漆基的活性基团发生反应，引起黏度上升。

③预防的方法：

a. 保证涂料罐盖紧，确保密封，隔绝空气，容器中的涂料应装满。

b. 存放在阴凉的场所。

c. 尽可能缩短储运期，尤其是不宜长期储存的活性基团多的高档合成树脂涂料。

d. 涂料厂需改进配方，克服涂料在储运过程中颜料和基料之间的化学反应。

④处理的方法：增稠的涂料再加入稀释剂后通常可再次使用。而对于肝化、结块或干涸的涂料，因该缺陷是不可逆的，所以只能报废。

（2）沉淀、沉积、结块。

①现象：涂料在储运过程中产生沉淀，经搅拌之后，能完全分散开，涂料细度也合格的为沉淀，如图8-2所示。沉淀结块搅拌不起来，不能再完全分散的属于沉积和结块。

②产生的可能原因：

a. 涂料中所含的颜料或体质颜料磨得不细、分散不良、所占比率大等。

b. 颜料与漆基发生反应或相互吸附，生成固态沉淀物。

c. 储存时间过长，尤其是长期静放的涂料。

d. 颜料粒子处于不稳定状态结块。

③预防的方法：

a. 在设计配方时注意颜料与漆基的适应性。

b. 减少库存，缩短储存时间，存货先用。

c. 存放在阴凉的地方。

d. 定期倒转漆罐。

e. 不要储存稀释过的漆料。稀释过的涂料黏度较低，比原漆更容易沉淀。

④处理的方法：若使用前能搅拌分散开，且涂料细度检查合格的，则可以继续使用。若沉淀结块搅拌不起来、不能再分散，或分散之后涂料细度不合格，只能报废。

（3）结皮。

①现象：涂料在储运过程中与空气接触的涂料表面氧化固化的现象称为结皮，如图8-3

所示。自干型涂料和氧化固化型涂料最容易产生结皮。

②产生的可能原因：

a. 表面干料添加过多或由桐油所制。

b. 容器不密封或桶内未装满，使涂料面与空气接触。

c. 储存场所温度过高或有阳光照射。

d. 储存期过长。

③预防的方法：

a. 涂料中不预先加入促进表面干燥的干燥剂，在使用时按比例加入。

b. 容器内应尽量装满并密封好。

c. 加入防结皮剂。

d. 缩短涂料的储存期。

④处理的方法：已经有结皮的涂料应清除掉，剩下的涂料在经搅拌并过滤后才可使用。

图8-1 增稠　　　　图8-2 沉淀　　　　图8-3 结皮

2）涂装过程中常见的涂膜缺陷

（1）渗色。

①现象：下面涂层的颜色渗入新喷涂层而导致颜色发生改变。

②可能产生的原因：

a. 被修补表面（底层）被有渗色倾向的涂料污染（如落上漆雾）。

b. 设备未清洗干净。

c. 底涂层涂料中的颜料被上层涂料中的溶剂溶解发生渗透。

d. 聚酯涂料中的过量氧化物被溶剂溶解，发生穿透性渗色。

③预防的方法：

a. 不要让易产生渗色的颜色的漆雾落在要涂装的漆面上。

b. 彻底清洗所有设备。

c. 先选择一小块地方进行试喷，如有渗色现象，则可用防渗透封闭底漆层进行封固。

d. 尽量采用与面漆配套的中涂层。

e. 腻子使用的固化剂不应过量。

④处理的方法：打磨掉原涂膜，喷涂封闭底漆将原涂膜封闭，然后重新喷涂面漆。

（2）鱼眼。

①现象：涂膜表面形成像火山口一样的空洞或凹痕，如图8-4所示。

②产生的可能原因：

a. 喷漆环境中或基材表面上存在含硅的有机化合物。

b. 存在其他污染源，如油脂、洗涤剂、尘土、蜡等。

c. 底漆中含有不匹配的成分。

d. 压缩空气管线中有水、油等。

e. 喷漆室内蒸气饱和。

③预防的方法：

a. 用除蜡脱脂剂彻底清洁基材表面，禁止在喷漆室内使用含硅类的抛光剂。

b. 底漆层或中涂底漆层与面漆层一定要匹配。

c. 注意喷漆室的蒸气饱和程度。

d. 添加鱼眼防止剂。

e. 每日对压缩空气管线进行清洁。

④处理的方法：将缺陷区域的涂膜彻底清除，按要求处理基材表面，重新喷漆。必要时，还需要在油漆中使用抗鱼眼添加剂。

（3）颗粒、尘点。

①现象：涂膜中的凸起物呈颗粒状分布在整个或局部表面。由混入涂料中的异物或涂料变质而引起的疙瘩称为颗粒；金属闪光涂料中铝粉在涂面造成的凸起异物称为金属颗粒；在涂装时或刚涂装完的湿涂膜上附着的灰尘或异物称为尘点，如图8-5所示。

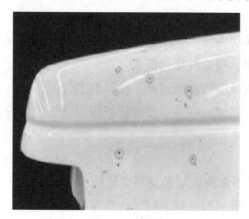

图8-4 鱼眼

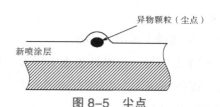

图8-5 尘点

②产生的可能原因：

a. 涂装环境中的空气清洁度差。

b. 被涂物表面不干净，在喷涂前未用黏性纱布擦净。

c. 喷涂尘屑积存于喷漆室内的表面上。

d. 车辆缝隙、沟槽的灰尘未吹净。

e. 压缩空气未过滤或过滤不当。

f. 涂料罐未盖紧使而灰尘进入，使用锈或脏的容器装漆料和稀释剂，在使用前未经过滤。

g. 涂装场地的水泥或其他会产生灰尘的地面未曾封固或未予以润湿；在喷涂区域内进行干打磨、研磨、抛光等；使用品质不佳的遮蔽纸，如报纸等。

h. 涂料变质，如漆基析出或反粗，颜料分散不佳或产生凝聚，有机颜料析出，闪光色漆中铝粉分散不良等。

i. 操作人员带来的灰尘，如工作服上的灰尘、污土及纤维。

③预防的方法：

a. 确保工作环境干净。对涂装场地、涂装设备及过滤系统进行定期的清理。

b. 确保工件干净。在喷涂前确保工件表面及内部没有灰尘颗粒。

c. 严把涂料的质量关，使用前必须过滤。

d. 不让新喷涂的涂膜暴露在任何可以导致脏污的环境中。

e. 穿着干净的专业喷漆服。

f. 不使用过期涂料。

④处理的方法：

a. 若缺陷较轻，等涂料完全干透之后先打磨平整，再通过抛光打磨使光泽重现。

b. 若颗粒深陷，应整平并重喷。

（4）流挂。

①现象：涂膜局部变厚，形状如同波浪、浅滩或圆形的山脊，通常出现在倾斜角度大或竖直的表面上，如图 8-6 所示。

②产生的可能原因：

a. 喷涂操作不当，喷枪距喷涂面太近，移动太慢，一次喷涂得过厚。

b. 喷枪设定不当，出漆量较大、喷幅较窄、喷涂气压过低等。

c. 所用稀释剂与涂料不配套，挥发过慢或使用防潮剂过量，涂料黏度过低。

d. 喷涂环境不佳，缺乏适当的空气流动和温度。环境温度过低或周围空气中溶剂蒸气含量过高。

e. 涂层间隔干燥时间不足。

f. 喷涂不均匀，较厚处表面干得慢，如其下部薄，则极易形成流挂。

g. 涂料喷涂于被污染或有油污的表面或光滑的旧涂膜上时，也易发生流挂。

③预防的方法：

a. 应用正确的喷涂技术。

b. 正确设定喷枪，检查喷枪以确保其功能正常。

c. 检查涂料的黏度及喷涂气压。

d. 提高喷气室的温度，确保风速正常。

e. 使用正确的稀释剂。

f. 在喷涂前确保被涂表面彻底清洁，光滑的漆面应进行适当粗化。

④处理的方法：等涂膜完全干透后除掉凸起点，将表面磨平然后抛光；情况严重时，可以将表面磨平后重新喷漆。

（5）橘皮。

①现象：涂膜表面呈疙瘩状、不平整，类似橘子皮的外观，如图8-7所示。

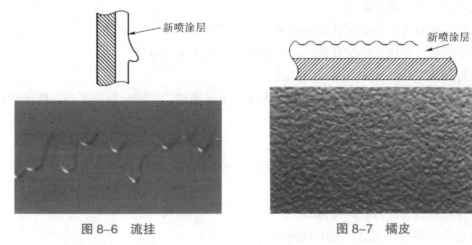

图8-6 流挂　　　　　　　　　图8-7 橘皮

②产生的可能原因：

a. 涂料的黏度太高，流平性差，稀释剂选用不当。

b. 喷涂技术不良，喷涂距离太远或太近；涂层喷得过厚或过薄。

c. 喷涂气压低，出漆量过大，喷涂工具不佳，导致漆料雾化不良。

d. 被涂物和空气的温度偏高，喷漆室内风速过大，稀释剂挥发太快。

e. 晾干时间偏短。

③预防的方法：

a. 选用合适的溶剂，添加流平剂或挥发较慢的高沸点有机溶剂，确保黏度适当，以改善涂料的流平性。

b. 调整喷涂气压与出漆量、喷涂距离与走枪速度。选用雾化性能良好的喷枪，使涂料达到良好的雾化效果。

c. 一次喷涂到规定厚度（宜控制到不流挂的限度）。适当延长晾干时间，不宜过早进入高温烘干环节。

d. 被涂物温度应冷却到50℃以下，喷涂室内气温应维持在20℃左右。

④处理的方法：

对于较轻微的橘皮缺陷，可以先用砂纸打磨平整，再通过抛光打蜡恢复表面光泽；对于较严重的橘皮缺陷，可在用砂纸打磨平整之后重新喷漆。

（6）咬底、起皱。

①现象：涂膜表面隆起或起皱，严重程度不同，常见于羽状边缘周围，下面的涂层可能

破裂至最外层，如图8-8所示。

②产生的可能原因：

a. 涂层未干透就涂下一道工序的涂料。

b. 涂料不配套、底漆层的耐溶剂性差或面漆含有能溶胀底漆层的强溶剂。

c. 涂层涂得太厚。

③预防的方法：

a. 底漆层干透后再涂面漆。

b. 改变涂料体系，另选用合适的底漆。

c. 对于容易产生咬底的配套涂层，应先在底漆层上进行雾喷。

④处理的方法：

将缺陷区域的涂膜打磨掉，喷涂封闭底漆后重新喷漆。若缺陷特别严重，则须将有问题的涂层全部打磨掉，然后重新喷涂。

（7）气泡。

①现象：涂膜表面呈泡状鼓起，或在涂膜中有产生气泡的现象。

②产生的可能原因：

a. 溶剂挥发快，涂料的黏度偏高。

b. 涂层烘干时加热过急，晾干时间过短。

c. 底材、底漆层或被涂面含有溶剂、水分或气体。

d. 搅拌时混入涂料的气体未释放完全就涂装，或在涂装时涂层混入空气。

③预防的方法：

a. 使用指定稀释剂，黏度应按涂装方法选择，不宜偏高。

b. 按规定的时间晾干，涂层烘干时升温不宜过急。

c. 底材、底漆层或被涂面应干燥清洁，不含有溶剂、水分和气体。

d. 待涂料中的气泡释放尽后再涂装。

④处理的方法：可将气泡区域打磨掉，露出完好的漆层后，再重新喷涂。

（8）针孔。

①现象：涂膜上出现众多细小孔洞，通常直径小于1mm，如图8-9所示。其常见于幼滑腻子、原子灰或玻璃钢表面。

图8-8 咬底、起皱

图8-9 针孔

②产生的可能原因：

a. 玻璃钢表面有气孔。

b. 基材表面处理或封闭不当。

c. 原子灰或幼滑腻子质量太差。

d. 原子灰混合不均匀，或者是原子灰、幼滑腻子的施工方法不正确。

e. 不当的喷枪调整或喷涂技术使涂层过湿，或喷枪距离被涂物面过近，使夹杂的空气或过量溶剂挥发而产生针孔。

f. 用喷枪快速干燥涂膜。

③预防的方法。

a. 喷漆前将基材的温度升高至高于喷涂温度，以排除基材气孔中的空气。为了防止发生变形，基材表面的温度不得超过 80℃。

b. 仔细检查玻璃钢表面，用原子灰或幼滑腻子填补基材表面的针孔，再用中涂底漆进行封闭。

c. 使用配套的材料。

d. 原子灰要调配均匀，分多次施工，每层要薄而均匀。每次要充分硬化后再涂新的一层或进行最后的打磨处理。

e. 清洁压缩空气系统。

f. 正确调整喷枪。

g. 留有足够的闪干时间，不要强制干燥。

h. 喷涂的涂膜不能过湿或过厚。

④处理方法：对轻微针孔，通过打磨和抛光处理可以消除；对于较严重的针孔，将涂膜磨至底漆层，填补针孔，喷涂底漆，打磨平滑后重新喷涂面漆。

（9）光泽不良、光泽度低。

①现象：涂膜表面虽平整光滑，但缺少光泽（如图 8-10 所示），在显微镜下观察，涂膜表面粗糙。

②产生的可能原因：

a. 底漆层涂料未彻底固化就在其上喷涂面漆。

b. 使用的稀释剂质量太差或型号不对，或使用了不配套的添加剂。

c. 涂料调配或喷涂方法不当。

d. 基材表面质量太差。

e. 由于湿度太大或温度太低，涂层干燥速度太慢。

f. 溶剂蒸气或汽车尾气侵入涂膜表面。

g. 涂膜表面受到蜡、油、水等的污染。

h. 在新喷涂的涂膜上使用过强的洗涤剂或清洁剂，或喷完面漆后过早地进行抛光，或使用的抛光膏太粗。

③预防的方法：

a.使用合格的底漆，等底漆层充分干燥后再在上面喷涂面漆。

b.只使用推荐的稀释剂和添加剂。

c.要充分搅拌涂料，保证喷漆环境符合要求，按正确的方法进行喷涂。

d.彻底地清理基材表面。

e.保证涂膜在温暖干燥的条件下进行干燥。

f.禁止在新喷涂的涂膜表面使用强力洗涤剂，在涂膜未充分固化之前不得对其进行抛光，抛光时一定要使用规格正确的抛光膏。

④处理的方法：通常用粗蜡研磨表面然后进行抛光，即可恢复正常的光泽。如果失光严重，用以上方法仍得不到满意的效果，应将面漆层磨平，然后重新喷涂。

（10）遮盖不良、露底。

①现象：因喷涂得薄或涂料遮盖力差而未盖住底面（底色）的现象称为盖底不良，由于漏涂而使被涂面未涂上涂料的现象称为露底，如图8-11所示。

②产生的可能原因：

a.所用涂料的遮盖力差或涂料在使用前未搅拌均匀。

b.涂料的施工黏度偏低，喷涂得过薄。

c.喷涂不仔细或被涂物外形复杂，发生漏涂现象。

d.底漆、面漆的色差太大，如在深色漆面上喷涂亮度高的浅色涂料。

③预防的方法：

a.选用遮盖力强的涂料，增加涂层厚度或增加喷涂道数，涂料在使用前和涂装过程中应充分搅拌。

b.适当提高涂料的施工黏度或选用固体分高的涂料，每道喷涂应达到规定的喷涂厚度。

c.提高喷涂操作的熟练程度，谨慎操作。

d.底漆的颜色尽可能与面漆颜色接近。

④处理的方法：将缺陷区域打磨平，然后重新喷漆。

图8-10　光泽度低

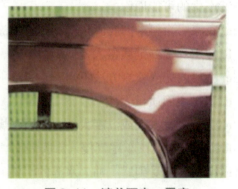

图8-11　遮盖不良、露底

（11）色不匀、色发花。

①现象：涂膜的颜色局部不均匀，出现斑印、条纹和色相杂乱的现象，如图8-12所示。
②产生的可能原因：
a. 涂料中的颜料分散不良或两种以上的色漆相互混合时混合不充分。
b. 所用溶剂的溶解力不足或施工黏度不适当。
c. 喷涂得太厚，使涂膜中的颜料产生里表对流。
d. 在涂装场所附近有能与涂膜发生反应的气体（如氨气、二氧化硫等）。
③预防的方法：
a. 选用分散性和互溶性良好的颜料。
b. 选择适当的溶剂，采用符合工艺要求的涂装黏度和膜厚。
c. 调配复色漆时使用同一类型的涂料，最好用同一厂家生产的同一类型的涂料。
④处理的方法：将缺陷区域打磨平，然后重新喷漆。

（12）砂纸痕。
①现象：透过面漆出现打磨的痕迹、线砂痕、打磨痕等，如图8-13所示。
②产生的可能原因：
a. 底漆表面处理不当。
b. 底漆没有充分硬化就喷涂色漆层。
c. 涂膜厚度不够，或干燥速度太慢。
d. 涂料混合不均匀，使用的稀释剂型号不对或质量太差，特别是缓干剂、白化水等使用不当。
③预防的方法：
a. 对所用面漆依序使用适当的砂纸型号。
b. 根据砂纸痕的情况，用封底漆消除擦痕扩大现象，并选择适合喷漆房条件的稀料。
c. 不要将底漆喷涂过厚，要确认完全干燥后再喷涂面漆。
d. 使用匹配的漆料系统。
④处理的方法：打磨到平滑表面，喷涂适合的底漆，然后重新喷涂面漆。

图8-12 色不匀、色发花

图8-13 砂纸痕

（13）原子灰印痕。
①现象：涂膜上出现一片外观和光泽不同、有清晰的边界或轮廓线的地图状区域，如

图 8-14 所示。

②产生的可能原因：

a. 刮腻子部位打磨不好。

b. 刮腻子部位未喷涂封底漆，腻子层的吸漆量大，或其颜色与底漆层不同。

c. 所用腻子的收缩性大，固化后继续变形。

③预防的方法：

a. 对刮腻子部位应充分打磨，边缘应平滑。

b. 在刮腻子部位喷涂封闭底漆或先喷涂一道面漆以封固边缘。

c. 选用收缩性小的腻子。如硝基腻子收缩性大，则只适合填平砂眼、划痕之类的缺陷。

④处理的方法：将缺陷区域的涂膜打磨至完整平滑的表面，必要时重新施工原子灰或幼滑腻子，喷涂底漆进行封闭。

（14）起雾、发白。

①现象：涂装过程中和刚涂装完毕的涂层表面呈乳白色，产生似云的变白失光现象，如图 8-15 所示。

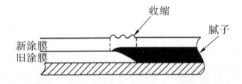
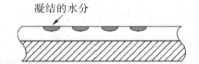

图 8-14 原子灰印痕

图 8-15 起雾、发白

②产生的可能原因：

a. 施工场所的空气湿度过高。

b. 所用溶剂的熔沸点偏低，挥发太快。

c. 被涂物表面的温度低于室温。

d. 涂料或稀释剂中含有水分，或压缩空气带入水分。

e. 溶剂和稀释剂的选用及配比不恰当，造成树脂在涂层中析出而变白。

③预防的方法：

a. 涂装场地的环境温度最好为 15℃~25℃，相对湿度不高于 70%。

b. 选用熔沸点较高和挥发速度适中的有机溶剂，还可添加防潮剂。

c. 涂装前先将被涂物加热，使其比环境温度略高。

d. 增加油水过滤器,防止水分进入压缩空气。

④处理的方法:打磨至表面平滑,然后重新喷涂面漆。

(15) 干喷。

①现象:涂膜表面呈颗粒状或纤维状粗糙结构、无光泽。

②产生的可能原因:

a. 漆料黏度太高,稀释剂不足或型号不对。

b. 喷涂方法不当,压缩空气压力过高,喷枪脏污,喷涂时喷枪离工件表面距离太远或喷涂太快。

c. 喷涂时有穿堂风或空气流动速度太快。

③预防的方法:

a. 按比例使用推荐的稀释剂。

b. 采用正确的喷涂方法,保持喷枪清洁,在保证漆料充分雾化的前提下,尽量将压缩空气的压力调低,喷枪与构件表面的距离要适当。

c. 在喷漆室内喷涂,喷漆室内的空气流动速度适当。

d. 按喷涂要求调整喷枪。

④处理的方法:将缺陷区域打磨平,然后抛光。若涂膜表面太粗糙,用上述方法不能修复,则应磨平面漆表面,然后重新喷漆。

(16) 起泡、起痱子。

①现象:涂膜的一部分从被涂面或底层上鼓起,其内部含有水分或空气,直径为1~5mm或更小,呈痱子状,称为"起痱子";涂膜内部含有水分和空气,而产生粒状起泡,称为"起泡",如图8-16所示。由于被涂面被污染,涂层面大块浮起的现象称为污染起泡。

②产生的可能原因:

a. 涂漆前表面已被污染,尤其在被涂面残存汗液、指纹、盐碱、打磨灰等亲水物质。

b. 清洗被涂面的最后一道用水的水质差,含有杂质离子。

c. 所用涂料的涂膜耐水性或耐潮湿性差。

d. 涂层固化不充分。漆面真正干燥前即暴露于潮湿气候或高温环境中。

e. 底漆层和面漆层厚度都不足,稀释剂使用不正确。

f. 持续暴露于严重的潮湿气候及高湿环境,如在梅雨季节涂膜易起泡。

③预防的方法:

a. 所有表面均需清洁无污染,绝不允许有亲水物质残存。

b. 打磨时使用的水需勤更换,且所有打磨污物均已除净,最后一道水洗应该用去离子水或蒸馏水。如果使用自来水冲洗,则一定要擦干、吹干、烘干。

c. 裸手不要接触被涂面。

d. 涂装场地保持在正确温度之下。在涂装前,车辆必须达到喷漆室内的温度。

e. 压缩空气应清洁而未被污染。

f. 喷涂底漆及面漆均应达到规定的足够厚度。

g. 各层间应留有足够的干燥时间，涂膜应干透。

h. 涂层必须充分干燥后，方可暴露于潮湿和高温环境中。

④处理的方法：如果缺陷仅在涂层表面，可以将有缺陷的涂层打磨掉之后再重新喷涂面漆。若缺陷深至底层，则需要将所有涂层清除干净，再重新进行涂装。

（17）粉化。

①现象：涂膜表面出现白垩状的尘土或粉末，如图8-17。其通常发生在老化、旧的涂膜表面。

图8-16　起痱子、起泡

图8-17　粉化

②产生的可能原因：

a. 长时间强日光照射。

b. 油漆中添加剂使用不当。不符合要求的添加剂会降低涂膜的抵抗力，使其对日光等有害影响更为敏感。

c. 油漆中的树脂或颜料老化。

d. 长期暴露于工业区附近，因其大气环境不良，来自工业区的污染物或化学物对漆表面侵蚀，使涂膜抵抗力减弱。

e. 稀释比率不当或使用不合规定的稀释剂。使用不合规定的稀释剂或使用过量的稀释剂，均会使涂膜中残留有害的溶剂，当其暴露于日光中时，此种有害的溶剂会加速漆料的分解而产生粉化。

③预防的方法：

a. 使用推荐的材料。

b. 避免紫外线（强光）照射涂膜，不用强力洗涤剂清洗涂膜。

④处理的方法：将涂膜磨平并抛光即可恢复光泽。严重时，需重新喷涂面漆。

(18) 开裂、龟裂。

①现象：肉眼看上去涂膜表面失去光泽，用低倍放大镜观察时可发现大量细微裂纹，像干池塘中的泥土裂开一样，如图 8-18 所示。

②产生的可能原因：

a. 油漆混合不均匀、稀释剂不足或所使用的稀释剂型号不对。

b. 涂膜太厚或在未完全固化或过厚的底层漆上喷涂色漆。

c. 被涂物面太热或太冷。

d. 漆层不匹配。

e. 使用需要添加固化剂的涂料时没有加固化剂。

③预防的方法：

a. 将油漆混合均匀，按规定的比例和型号使用稀释剂。

b. 采用正确的喷涂方法，每层涂膜要薄而湿，要保证各层之间的流平时间。

c. 按照油漆使用说明，添加规定的添加剂。

④处理的方法：打磨产生裂纹区域的涂膜直至露出完整、平滑的表面，甚至直到金属层，然后重新喷涂。

(19) 变色、褪色。

①现象：在使用过程中涂膜的颜色发生变化，其色相、明度、彩度明显偏离标准色板或原色板的现象称为变色；若涂膜颜色变浅，则称为褪色，如图 8-19 所示。

②产生的可能原因：

a. 阳光照射、潮湿、高温和空气中的腐蚀性气体（如二氧化硫）等作用所致。当车辆长时间暴露在有化学物的大气中时涂层会受影响，如发现颜色有不正常的变化时，即应予以检视，找出暴露环境中的不寻常之处。

b. 未按规定的配方调色。

c. 由于环境影响，表面变黄。

d. 所用涂料耐候性差或不适用于户外。在涂膜老化、增塑剂析出等过程中有机颜料通过涂膜迁移。

e. 汽车修补面漆误用了易变黄的室内用固化剂。

③预防的方法：

a. 使用正确的调色配方。

b. 定期清洗车辆。

c. 选用耐候性优良的汽车修补面漆和固化剂。

④处理的方法：

a. 若损伤较小，则使用抛光作业去除缺陷层。

b. 若抛光仍无法修复缺陷或修复不久后又再度发生，则应将缺陷层磨除并重新喷涂该区域。

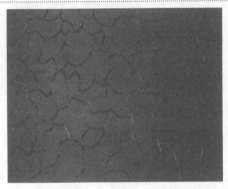
图 8-18 开裂、龟裂

图 8-19 变色、褪色

（20）失光。

①现象：涂料不良导致所得涂膜的光泽低于标准光泽，以及在使用过程中最初有光泽的涂膜表面光泽度降低。

②产生的可能原因：

a. 涂装不良，未按工艺执行，涂膜喷涂得过薄、过度烘烤和被涂面粗糙等。

b. 所选用涂料的耐候性差。

c. 涂膜干燥收缩。

d. 阳光照射、水汽作用和腐蚀气体的玷污。

③预防的方法：

a. 严格按工艺要求或按涂料厂推荐的涂料施工条件进行涂装。

b. 按被涂物的使用条件，选用耐候性优良的涂料。

c. 如所用涂料有抛光性，则进行抛光即可恢复光泽。

④处理的方法：

a. 若失光程度较小，可使用抛光作业去除缺陷层。

b. 若抛光仍无法修复缺陷或失光程度严重，则应将缺陷层磨除并重新喷涂该区域。

（21）玷污、斑点。

①现象：在涂膜表面上出现与大部分表面颜色不相同的色斑或黏附尘埃和脏物等。

②产生的可能原因：

a. 涂膜在使用过程中受热软化或回黏。

b. 涂膜中析出异物。

c. 环境空气中污物的侵入、玷污。

d. 所用颜料不耐酸碱或长霉。

③预防的方法：

a. 选用在使用中不受热回黏、不软化、不析出异物的涂料。

b. 选用耐玷污性好的涂料。

c. 不把被涂物放置在污染源附近。

④处理的方法：将玷污或斑点区域打磨平滑后，再重新喷涂。

（22）脱落。

①现象：涂膜表面出现鳞片状脱落。这些脱落的漆片易碎，其边缘呈上卷状脱离基材表面，如图8-20所示。

②产生的可能原因：

a. 下层表面处理不好，受到蜡、油脂、水、铁锈等的污染。

b. 在钢或铝材表面未使用金属表面处理剂，或使用的处理剂型号不对。

c. 喷漆时，基材表面温度太高或太低。

d. 喷涂底漆的方法不当，底漆未充分干燥。

e. 涂料的黏度不当，使用的稀释剂型号不对或质量差。

f. 压缩空气的压力太大。

g. 涂料没有混合均匀。

h. 底漆选用不当。

i. 涂膜过厚。

j. 干喷。

③预防的方法：

a. 彻底处理好准备喷涂的基材表面。

b. 在钢或铝材表面一定要用正确的金属表面处理剂，处理好后，30min内应开始喷涂，以防基材表面生锈。

c. 喷涂和干燥时，要保证在推荐的温度范围内。

d. 使用正确的工艺喷涂底漆，保证底漆充分固化后再喷涂面漆。

e. 使用推荐的稀释剂将涂料稀释到要求的黏度范围。

f. 每次喷涂的涂层要薄而湿。

g. 使用同一油漆生产商生产的配套产品。

h. 正确调整喷涂压力。

i. 喷涂封闭底漆。

④处理的方法：将剥落的涂膜清除，按要求的涂装方法、材料，重新喷涂。

（23）锈蚀、生锈。

①现象：在涂膜下出现红丝或透过涂膜的锈点，前者称为丝状腐蚀，后者称为疤状腐蚀。

②产生的可能原因：

a. 水分穿过涂膜的裂缝或碰伤部位到达钢板表面而锈蚀。

b. 在涂装前锈垢未完全彻底清除，对有锈点、锈疤和点焊缝隙部位的应特别注意。

c. 涂层不完整，有针孔、漏涂等缺陷，如有些缝隙和点焊缝中未涂到涂料。

d. 所用涂料的耐腐蚀性差。

e. 在修补部位露出金属底材后，未喷涂防锈漆。

f. 使用环境差，如高温、高湿、有腐蚀介质的侵蚀。

③预防的方法：

a. 涂装前被涂面一定要清洁，不允许带锈涂装。

b. 黑色金属件在喷涂底漆前应进行磷化处理，并与所用涂层有良好的配套性。

c. 应确保被涂物的所有表面都应涂到涂料。

d. 根据被涂物的使用环境选用耐腐蚀性和耐潮湿性优良的涂料。

④处理的方法：将锈蚀区域打磨平整，然后喷涂防锈底漆，再喷涂面漆。

（24）干燥不良、慢干。

①现象：漆层很久不干，如图8-21所示。

图8-20　脱落

图8-21　干燥不良、慢干

②产生的可能原因：

a. 硬化剂使用不当（太少或太多）。

b. 喷涂过厚。

c. 稀释剂太慢干或太低劣廉价。

d. 干燥条件不好，空气太潮湿。

e. 涂层之间干燥时间不够。

③预防的方法：

a. 使用推荐的稀释剂。

b. 按推荐的膜厚喷涂。

c. 留有足够的挥发时间。

d. 改进喷涂和干燥条件。

④处理的方法：将汽车置于通风或温暖的环境中加热以加速干燥过程。

2. 抛光、打蜡的作用

（1）抛光的作用。抛光主要是为了增加涂膜的光泽度与平滑度，消除涂面的粗粒、轻微流痕、泛白、橘皮、细微砂纸痕迹、划痕、泛色层等涂膜表面细小的缺陷，如图8-22所示。

抛光处理既适用于旧涂面翻新，也适用于新喷涂面及修补施工。

①旧涂面翻新抛光。汽车是一种室外交通工具，长年受到阳光、风沙、雨雪、温差、大气污染物、化学品等不良环境影响，涂面受到的侵蚀程度既复杂又严重。光靠简单的水洗不能将其消除，需要进行翻新抛光处理，通过摩擦和抛光的作用消除涂面的缺陷。抛光盘配合抛光剂与涂面摩擦，去除涂面的老化层和细微擦痕，抛光剂中的部分成分渗入涂膜，使涂面变得光滑、靓丽。

②新喷涂面抛光。在全车喷涂面漆或部分喷涂面漆的过程中可能产生各种缺陷，如流痕、粗粒、橘皮、发白、失光、丰满度差，以及局部喷涂时飞溅于旧涂面的漆尘和新旧涂膜交界处的痕迹均可通过抛光处理得到及时的纠正。

（2）打蜡的作用。汽车涂膜经过抛光后，一般均需在其表面打蜡，如图8-23所示，蜡质在涂膜表面干燥后会形成一层薄的保护膜，该保护膜可以反射阳光中的紫外线，降低对涂膜的破坏。蜡质的光滑度能有效防止水分子对涂膜的渗透并具有抗污能力，蜡膜有一定的硬度，可减轻划伤涂膜的程度，蜡膜的光泽能提高涂膜的光泽度、丰满度，弥补抛光处理的不足。

3. 面漆修整的工艺流程

汽车面漆的修整工艺要根据缺陷的类型来确定。一般对于需要重新喷涂的涂膜缺陷，应该按照前面介绍的维修方法进行重新涂装处理；对于一般的轻微缺陷，则可以采用图8-24所示的工艺流程进行处理。

图8-22 抛光

图8-23 打蜡

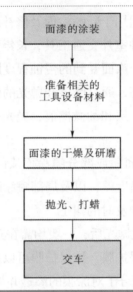

图 8-24 面漆修整的工艺流程

任务实施

(一) 作业准备

1. 工具设备的准备

抛光机、抛光垫、打磨块、喷壶、风枪等。

2. 防护用品的准备

工作服、工作鞋、工作帽、线手套、防尘口罩、护目镜、耳塞。

3. 实训器材的准备

待修理车辆、工作台等。

(二) 操作步骤

1. 面漆的干燥及研磨

（1）面漆涂装完成后，在喷漆房正常抽风的情况下，静置 15~20min。

在涂料刚刚施涂之后，溶剂蒸发很快，如果马上加热，就会加速溶剂的挥发，从而让溶剂在涂膜表面造成陷坑和针孔等缺陷。涂膜的静置时间与所用的涂料类型、涂层厚度、溶剂的种类及周围的环境温度有关，在施工过程中要按照规范的调配及施工工艺进行，这样可以避免很多涂膜缺陷的产生。

（2）清除贴护。在涂膜静置适当的时间，表面稍微干燥之后，清除工件周围的遮蔽纸及遮蔽胶带。如果后面需要抛光、打蜡处理，为了防止抛光剂及车蜡污染其他部件，也可以只拆除涂料边缘的胶带，留下遮蔽纸。

（3）对涂料进行干燥。汽车修补用的溶剂挥发型、氧化固化型或双组分聚合型涂料都可以采用自然干燥或利用加热设备进行烘烤干燥。烘烤干燥除了可以使用红外线烤灯之外，也可以使用燃油型烤漆房进行干燥。若涂装面面积较小，则宜选用红外线烤灯进行烘烤；若涂装面面积较大或涂装部位较多，则可以选用烤漆房进行烘烤。

（4）检查涂料的干燥程度。涂料的干燥程度大致可以分为以下几种：

①不粘尘：涂料表面已经干燥，灰尘不再附着于涂料表面。

②不粘手：涂料基本干燥，用手轻轻施加压力不会留下明显印痕，但是用力施压会有较浅的痕迹。

③干得可以装卸：涂料基本固化，用力施压不会有明显痕迹，可以进行零件安装。

④干透：涂料完全固化，用力施压不会有任何痕迹，允许进行其他作业，如抛光、重涂等。

抛光或重涂作业一定要等涂料干透再进行，否则容易出现其他涂膜缺陷。

⑤用打磨块配合 P1500~P2000 号漆面研磨砂纸蘸水打磨缺陷，如图 8-25 所示。

⑥反复检查打磨效果。一般将缺陷部位打磨至与周围的平面度、纹理基本一致即可，不可打磨过度。如果不慎磨穿面漆层，就需要重新喷涂面漆；如果面漆层打磨太薄，则在抛光时容易磨穿面漆。

⑦清洁工件表面并干燥，如图 8-26 所示。

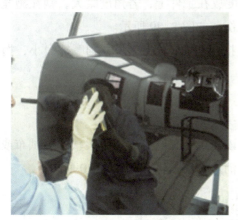

图 8-25　打磨缺陷

图 8-26　清洁工件表面并干燥

2. 抛光及打蜡

车门涂膜表面的缺陷经过研磨后，漆面平整，但打磨过的部位失去了光泽，因此需要通过抛光、打蜡来恢复面漆的光泽。抛光、打蜡的方法根据选用的材料不同而有所不同，一般的施工工序如下：

（1）用海绵或擦拭布将粗抛光剂均匀涂抹于打磨部位，如图8-27所示。如果打磨部位太大，可以分多块操作，一次涂抹面积不宜超过0.5m²。抛光剂也不宜一次涂得过厚，否则会堵塞抛光垫，影响抛光效果。

（2）将配有粗抛光垫的抛光机的转速调至1 000~1 500r/min，并轻轻地平放在漆面上，如图8-28所示。

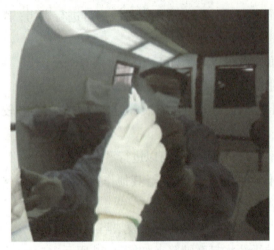
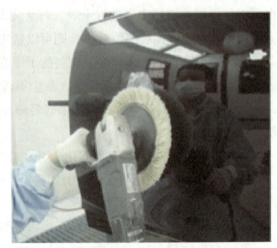

图8-27　涂抹粗抛光剂　　　　　　　图8-28　平放抛光机

（3）启动抛光机，然后均衡地向下施加一定的压力，按照往复运动的方式慢慢移动进行抛光。抛光时要注意：

①如果抛光机先启动再接触漆面的话，掌握不好会对漆面造成损伤。在抛光过程中抛光机可以平放在工件表面，也可以以5°~15°的小角度放在工件上，若角度太大，则在抛光时粗抛光垫的边缘位于摩擦漆面，容易对漆面造成损伤，如图8-29所示。

②若向下施加的力太大，则摩擦力也大，容易损伤漆面；若力太小，则摩擦力小，抛光效果不好。

③抛光机的移动方向最好与车身流线方向一致，作往复运动。

④做粗抛光时，只要去掉砂纸打磨的痕迹即可。

⑤对于工件边沿或不好使用抛光机的部位，应该使用手工抛光，即用柔软的擦拭布或抛光海绵蘸上抛光剂之后，手工往复来回摩擦，直至消除打磨痕迹，如图8-30所示。

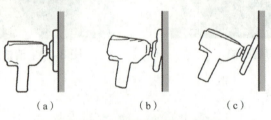

图8-29　抛光机的角度

（a）、（b）正确；（c）不正确

图 8-30 手工抛光

（4）用干净的擦拭布将工件清理干净，对于表面还有打磨痕迹的，重复步骤（1）~（3），直至完全消除砂纸磨痕，基本恢复光泽。

（5）用海绵或柔软的擦拭布将细抛光剂均匀涂抹于工件表面。

（6）将抛光机转速调至 1 500~2 000r/min，并选择精抛光垫进行抛光。

第二次抛光的主要目的是消除粗抛时所形成的抛光痕，以及提高涂层的光泽度。抛光时可适当加一点水进行润滑，这样抛光效果会更好。如果一遍处理不到位，可以进行 2~3 遍，直至达到要求为止。

（7）用柔软的擦拭布将整个工件清理干净。

（8）用精细海绵或柔软的擦拭布蘸上上光保护蜡均匀涂抹在工件上面，如图 8-31 所示。涂抹时面积不宜过大，每次以 0.5m² 为宜，力度均匀地按车身流线方向依次往返涂抹。

（9）待车蜡稍干之后，用干净的软布将车蜡擦拭干净即可，如图 8-32 所示。

擦拭时要注意用力均匀、力度适中，避免重新在涂层上留下擦拭的痕迹。最后处理好的工件必须达到漆面光亮如镜、纹理一致、没有任何印痕。

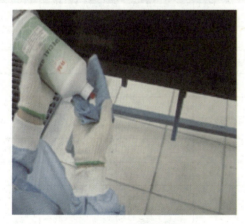

图 8-31 涂抹车蜡

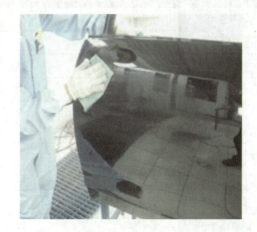

图 8-32 擦拭车蜡

（10）检查工件，将工件上面所有的抛光剂及车蜡清理干净。

抛光剂及车蜡含有溶剂，如果在工件或漆面上停留时间过长，容易在漆面上形成印痕。

学习小结

1. 常见的涂料及涂膜缺陷的预防

在涂装作业中，涂料或漆面会产生各种涂膜缺陷，它们一般与涂料的性质、底材的表面处理、涂料的选用、涂装工艺、涂装设备、涂装环境、涂装技术等因素有关。在施工中只有严格按照规范的储存保管要求及施工工艺进行操作，才能预防和避免出现各种问题。一旦出现问题，要及时分析原因，制定合理的补救措施。

2. 抛光、打蜡的作用

（1）抛光的作用。抛光主要是为了增加涂膜的光泽度与平滑度，消除涂面的粗粒、轻微流痕、泛白、橘皮、细微砂纸痕迹、划痕、泛色层等涂膜表面细小的缺陷。抛光处理既适用于旧涂面翻新，也适用于新喷涂面及修补施工。

汽车抛光的作用

（2）打蜡的作用。汽车涂膜经过抛光后，一般均需在其表面打蜡，蜡质在涂膜表面干燥后会形成一层薄的保护膜，该保护膜可以反射阳光中的紫外线，降低对涂膜的破坏。蜡质的光滑度能有效防止水分子对涂膜的渗透并具有抗污能力，蜡膜有一定的硬度，可减轻划伤涂膜的程度，蜡膜的光泽能提高涂膜的光泽度、丰满度，弥补抛光处理的不足。

任务评价

任务评价见表8-1。

表8-1 面漆的修整操作考核评价表

考核项目	评分标准	分数	学生自评	小组互评	教师评价	备注
团队合作	是否和谐	5				
活动参与	是否积极主动	5				
任务方案	是否正确、合理	15				
安全生产	有无安全隐患	10				
操作过程	（1）面漆的干燥与研磨；（2）抛光及打蜡	30				
任务完成情况	是否圆满完成	5				
工具使用情况	是否规范标准	10				
劳动纪律	能否严格遵守	5				
现场5S管理	是否做到	10				
工单填写	是否完整、规范	5				
总　分		100				
教师签名		年　月　日			得分：	

项目九
塑料件的涂装

▶ 项目导入

一辆汽车的前保险杠由于碰撞拐角处出现轻微开裂，车主有可能要求直接修复，也有可能要求更换新保险杠。请根据这两种情况，分别进行维修，以恢复和达到原来的涂膜质量要求。

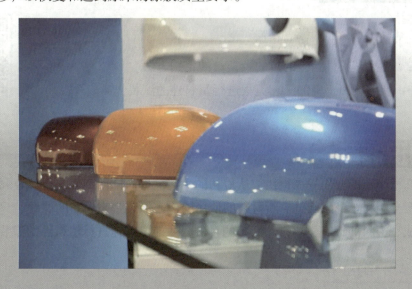

项目九 塑料件的涂装

学习目标

知识目标
（1）了解塑料的种类及鉴别方法。
（2）了解不同塑料适用的涂料品种及塑料件表面处理前的准备工作。
（3）掌握塑料件涂装的基本工艺流程。

技能目标
能够掌握塑料件涂装的方法和技巧。

素养目标
（1）了解安全操作要求，重视人员身体安全与防护，养成安全文明操作的习惯。
（2）养成组员之间相互协作的习惯。

项目任务

塑料件的涂装

任务目标

（1）了解塑料的组成及特性。
（2）熟悉塑料件涂装的目的及塑料的鉴别方法。
（3）能够按照正确的工艺流程进行塑料件的涂装作业。

塑料件的涂装

知识准备

车塑料在汽车上的应用发展很快，从最初的一些简单内饰件到现在替代金属制成的车身覆盖件，甚至全塑料车身已问世。新材料的使用给汽车涂装带来了新的课题。只有充分地了解塑料的组成、塑料的特点、塑料件涂装的目的，才能更好地进行塑料件的涂装。

1. 塑料的组成

塑料是以合成树脂为基体，并加入某些添加剂制成的高分子化合物。

（1）合成树脂。在一定的温度和压力下，合成树脂能制成不同形状的塑料制品，各种合成树脂主要是从煤、石油和天然气中提炼的高分子化合物，在常温下为固体或黏稠液体。合成树脂是塑料的主要成分，它的种类、性质及加入量对塑料的性能有很大的影响。大部分塑料是以所加树脂的名称来命名的。

（2）添加剂。加入添加剂是为了改善塑料的性能，扩大其使用范围。添加剂包括填料、增塑剂、稳定剂、固化剂、着色剂等。其中，填料起强化作用，同时也能改善或提高塑料的某些性能，如加入云母、石棉粉可以改善塑料的电绝缘性和耐热性，加入氧化硅可提高塑料的硬度和耐磨性等。增塑剂用于提高塑料的可塑性与柔软性。稳定剂可以提高塑料在光和热作用下的稳定性，以延缓老化。固化剂可以在加工过程中防止塑料硬化。着色剂可使塑料制品色彩美观，以适应不同的需要。

各类添加剂加入与否和加入多少，要视塑料制品的性能和用途而定。

2. 塑料的特性

塑料相对于其他材质有着明显的特性：

（1）质量轻。一般塑料的密度仅是钢铁的1/8~1/4，是铝的1/2左右，用它来制作汽车零部件，可减轻汽车的质量，降低油耗。

（2）不导电。塑料具有很好的绝缘性能，可以用来制作汽车电器的绝缘零件。

（3）不传热。塑料可以用来制作汽车的隔热零件。

（4）防振动、耐磨性和隔声性能好。塑料可以用来制作汽车的防振、耐磨、隔声降噪零件。

（5）容易着色。塑料可以制成各种颜色的零部件。

（6）耐腐蚀性好。塑料对酸、碱、盐和有机溶剂有良好的耐腐蚀性能，可以用来制作在腐蚀介质中工作的零件。采用在其他材料表面喷塑的方法可以提高其耐腐蚀能力。

（7）比强度高。等质量的塑料与金属相比，比强度更高。

（8）塑料的力学性能较差，受力容易变形。

（9）耐热性较差，其工作温度一般控制在70℃以下，超过80℃，塑料容易老化变形。

（10）塑料吸附水或溶剂时，其性能和尺寸会发生变化（易受水、油、氧和溶剂的影响）。

3. 塑料件涂装的目的

塑料制品不会生锈、易于着色，具有抗腐蚀性及装饰性能，那么为什么还要进行塑料件的涂装呢？对塑料件进行涂装主要有下面3个目的。

（1）提高装饰性能。塑料虽然能够着色（整体着色），但颜料多采用有机颜料或珠光颜料，成本很高且不易与钢铁件涂膜做成同样的效果。用装饰性涂料在塑料件表面涂装一薄层涂膜，可以提高塑料件的装饰性能和配套性能。

（2）增强保护性能。塑料虽然种类很多，但耐紫外线、氧、水分、溶剂和各种化学物品的腐蚀能力，耐磨性和力学性能等各不相同。对于外露件，其耐候性要求很高，但能满足要求的塑料材料不多。因此，在塑料件上喷涂一层耐候性、耐腐蚀性、抗石击性良好的涂料进行保护，可以很好地满足产品的要求，延长使用寿命。

（3）提供特种功能。在塑料件表面涂布具有特种功能的涂料，可以将特种涂料的功能移植到塑料件表面，扩大塑料件的应用范围。如在塑料件上喷涂阻燃涂料，则可以提高塑料件的防火性能；如在塑料件上喷涂发光涂料，则可以使塑料件具有荧光功能；如在塑料件上喷涂防划伤涂料，则可以提高塑料件的抗划伤性能。

4. 塑料的种类

塑料的种类很多，按受热性能的不同，可分为热固性塑料和热塑性塑料两大类。

（1）热固性塑料是指经一次固化后，不再受热软化，只能塑制一次的塑料。这类塑料的耐热性能好，受压不易变形，但力学性能较差。

（2）热塑性塑料是指受热时软化，冷却后变硬，再加热又软化，冷却后又变硬，可反复多次加热重新制造的塑料。这类塑料加工成形方便、力学性能较好，但耐热性能相对较差，容易变形。

热塑性塑料的数量很大，约占全部塑料的 80%。汽车常用的塑料类型及用途见表 9-1。

表 9-1　汽车常用的塑料类型及用途

塑料代号	名　称	适合烘烤温度/℃	汽车上的用途	属性
EP	环氧树脂	80	玻璃钢车身板	热固性
UP	不饱和聚酯	120	玻璃钢车身板	热固性
ABS	丙烯腈-丁二烯苯乙烯共聚物	60	车身板、仪表台、护栅、前照灯外罩	热塑性
PP	聚丙烯	100	内饰板、内衬板、内翼子板、面罩、散热器、挡风窗窗帘、仪表台、保险杠	热塑性
PVC	聚氯乙烯	80	内衬板、软质填板	热塑性
PC	聚碳酸酯	100	护栅、仪表台、灯罩	热塑性
PUR	聚氨酯	80	保险杠、前、后车身板、填板	热塑性
EPDM	乙丙三元共聚物	—	保险杠冲击条、车身板	热塑性
PE	聚乙烯	80	内翼子板、内衬板、帷幔板、阻流板	热塑性
TPR	热塑橡胶	—	前轮罩板	热塑性
TPUR	热固聚氨酯	60	保险杠、防石板、填板	热固性
PA	聚酰胺	80	外装饰板	热塑性
PS	聚苯乙烯	—	内饰件	热塑性
ABS/MAT	含玻璃纤维的强化 ABS	80	车身护板	热塑性
PPO	聚苯醚	—	镀铬塑料件、护栅板、前照灯灯罩、遮光板、饰品	热塑性

5. 塑料的鉴别方法

在维修涂装塑料件之前，必须弄清楚塑料件的种类，以便确定维修方法和涂料类型。常用的汽车车身塑料件的鉴别方法有以下6种：

（1）查看塑料件上的ISO代号。一般正规厂家生产的塑料件在工件背面都会印上ISO代号，在零件拆下后就能看到，如图9-1所示。

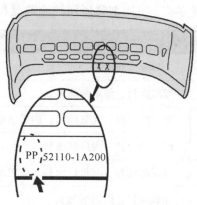

图9-1 塑料件背面的ISO代号

（2）查看维修手册。若没有ISO代号，则可通过查找车身维修手册，查看部件的塑料种类，如图9-2所示。

（3）燃烧鉴别。切下一小片塑料，用镊子夹住在火中燃烧（如图9-3所示），观察火焰颜色、燃烧情况，并闻气味。PVC塑料受热后易熔化，燃烧时火焰呈绿色或青色，有盐酸味；聚烯烃类塑料在燃烧时火焰没有明显的烟雾，有蜡的气味；聚酯酸纤维素类塑料燃烧时有醋酸味；ABS塑料燃烧时有明显的烟雾产生（如图9-3所示）。

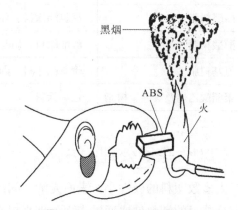

图9-2 维修手册　　　　　图9-3 ABS塑料燃烧试验

（4）焊接法。用不同类型的塑料焊条与塑料进行试焊接，能与之焊合的即此种焊条类型的塑料品种。

（5）敲击法。用手敲击塑料件内侧，PU塑料声音较弱，PP塑料声音较脆。

（6）其他简易鉴别法。PU塑料用砂纸打磨后没有粉末，而PP塑料有粉末。PU塑料易被划伤，PP 塑料不易被划伤。

6. 不同塑料适用的涂料品种

由于各类塑料的性质不同，其适用的涂料品种也所有不同，见表 9-2。只有选择合适的涂料品种，才能达到最佳的装饰保护效果。

表 9-2 不同塑料适用的涂料品种

序号	塑料类别	适用的涂料品种
1	环氧树脂	大部分涂料适用
2	聚氨酯	醇酸涂料、聚氨酯涂料
3	聚酯（玻璃钢）	聚氨酯涂料、环氧涂料、丙烯酸涂料
4	聚氯乙烯	聚氨酯涂料、丙烯酸涂料
5	聚碳酸酯	丙烯酸涂料、有机硅涂料、聚氨酯涂料、氨基涂料
6	聚乙烯	环氧涂料、丙烯酸涂料
7	聚丙烯	环氧涂料、丙烯酸涂料、聚氨酯涂料
8	聚苯乙烯	丙烯酸涂料、硝基涂料、环氧涂料
9	ABS	环氧涂料、硝基涂料、丙烯酸涂料、酸固化氨基涂料、聚氨酯涂料
10	聚丙烯酸酯（有机玻璃）	丙烯酸涂料、有机硅涂料、聚氨酯涂料
11	醋酸纤维素	丙烯酸涂料、聚氨酯涂料、醋酸纤维素涂料
12	尼龙	丙烯酸涂料、聚氨酯涂料、氨基涂料
13	酚醛树脂	聚氨酯涂料、环氧涂料、氨基涂料
14	醇酸树脂	醇酸涂料、硝基涂料
15	氨基树脂	聚氨酯涂料、丙烯酸氨基、醇酸氨基涂料
16	聚醋酸乙烯及其共聚树脂	乙烯涂料

7. 塑料件表面处理的方法

由于大多数塑料的极性小，表面光滑，润湿性差，对涂料的附着力不是很好，所以对于之前没有涂装过的塑料件要通过表面处理来提高涂层对塑料的附着力。

常用的塑料件表面处理的方法有以下几种：

（1）脱脂处理。塑料件表面的油污及脱模剂（如蜡、硅油或硬脂酸等）会大大降低涂料的附着力，引起涂膜缩孔等弊病，因此在涂漆前应当彻底地除去，一般可采用溶剂清洗或采用与金属件类似的碱液清洗的方法。

①溶剂清洗。采用溶剂清洗对塑料件的脱模剂和油污的去除特别有效，一般可以采用人

工擦拭或用含氯溶剂蒸气清洗。人工擦拭可采用低级醇或脂肪族溶剂（如异丙醇、溶剂汽油等），加入少量的有机酸或碱（如甲酸、乙二胺等）能提高清洗的效果。溶剂清洗除了将油污、脱模剂溶解除去，使表面形成凹凸不平的状态外，还有溶胀作用。溶胀作用使塑料件表面的聚合物发生松弛，涂料分子在扩散作用下，部分线型端部进入塑料件的聚合物内部。待溶剂挥发后，塑料件表面收缩恢复为原态，而涂料的线型端部被紧束在塑料件表面，发生"锚固"作用，从而增加了涂料对塑料的附着力。

②碱液清洗。用碱液对塑料件进行脱脂处理，也可提高塑料件表面的涂膜附着力。对于有极性的塑料，处理时随着碱液浓度和温度的升高，其附着力有升高的趋势。在有机胺类的水溶液中加入少量烷基苯磺酸用于处理聚碳酸酯塑料，能改善其润湿性，提高涂膜的附着力。

（2）化学处理。对塑料件表面采用适当的化学物质（如酸、氧化剂、聚合物单体等）进行处理，使其发生化学变化，形成活性基团或选择性地除去表层低分子成分，使表面呈多孔状态，从而改善涂料在塑料件表面的附着力。如铬酸、硫酸混合液的氧化处理，是通过铬酸、硫酸混合液对塑料件表面的氧化而导入极性基团，从而提高表面的润湿性。

（3）退火处理。塑料成型时一般采用高温注塑，在冷却过程中易形成内应力，在涂装时与溶剂接触，产生溶胀，在应力集中处产生开裂。因此，为了消除内应力，一般在脱脂清洗以后，将塑料件加热到低于热变形的温度下并维持一定时间，这就是退火处理。塑料件在经过物理或化学处理后要进行烘干，在烘干的过程中就完成了退火处理的过程。

（4）静电除尘。塑料是绝缘体，容易产生静电，在干燥冷却的过程中易吸附灰尘，因此在涂装之前常用离子化的空气来除尘。使压缩空气通过装有高压电极的喷嘴，利用电晕放电使空气电离，离子化的空气喷到塑料件表面，使塑料件表面和灰尘的电性被中和并使之带有相同的电荷，由相吸变成相斥，因此灰尘容易被清除掉。

采用电晕放电或火焰处理也可改变塑料件表面的状态，提高塑料件表面的粗糙度值，从而提高涂膜附着力。

塑料件表面处理的程度和均一性，是保证随后的涂装质量的关键。通常检查塑料件表面处理质量的方法是将处理过的塑料件浸入水中，取出后观察水膜的完整情况。若水膜均匀润湿，则证明处理质量好。在处理过的塑料件上滴上水滴，水滴的扩散程度越好，表明处理质量越好。

8. 塑料件涂装的工艺流程

在汽车涂装维修作业中，常见的塑料件涂装可以分为两种类型：一种是更换的新塑料件涂装；另一种是表面有旧涂层，但是油漆涂层或塑料本身出现损坏的旧塑料件修补涂装。这两种类型的工艺流程如图9-4和图9-5所示。

项目九 塑料件的涂装

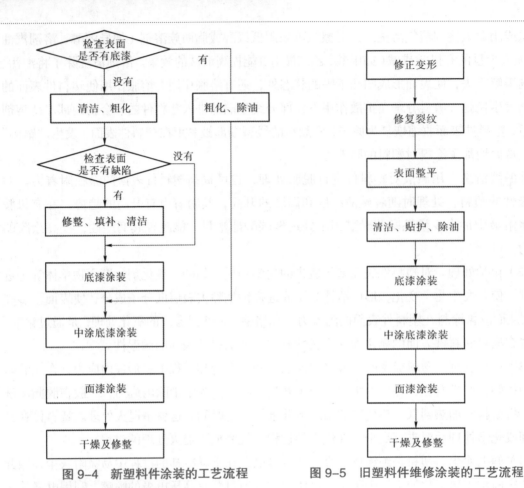

图 9-4 新塑料件涂装的工艺流程　　图 9-5 旧塑料件维修涂装的工艺流程

任务实施

（一）作业准备

1. 工具设备的准备

喷漆房、空气压缩机及空气分配管道、油水过滤器、喷枪、风枪、喷涂支架、刮刀、调漆比例尺、烤灯、砂轮机、干磨系统等。

2. 防护用品的设备

工作服、工作鞋、工作帽、线手套、防尘口罩、护目镜、耳塞。

3. 实训器材的设备

受损车辆、工作台等。

(二) 操作步骤

1. 新塑料件涂装的方法

新塑料件一般外形较好,涂装作业主要是各个涂层涂料的选择及喷涂,其工艺流程如下:

(1)穿戴好防护用品。

(2)检查新塑料件表面是否有底漆。通过直接观察或利用砂纸打磨的方法检查表面是否喷涂过底漆,若表面有底漆,则可以先用P400号左右的菜瓜布粗化表面,再进行清洁与除油处理,然后进行中涂底漆涂装;如果没有喷涂过底漆,就说明之前没有处理过,需要进入下一步进行操作。

(3)清洁、粗化。

①根据塑料清洁剂的使用说明调配好清洁溶液。如某品牌的P273-1333塑料清洁剂,在使用时需要与水按1∶1的比例进行混合稀释。

②用P320号左右的菜瓜布蘸调配好的清洁溶液轻轻地仔细打磨塑料件表面,让塑料件表面产生一定的粗糙度,同时也除掉塑料件表面的油污及脱模剂等。

③全部打磨到位后,用清水冲洗干净塑料件,再用风枪吹干工件。

(4)检查表面是否有缺陷。如果没有缺陷,就可以直接进入步骤(6),如果有缺陷,就进入下一步。

(5)修整、填补、清洁。

①如果塑料件表面有毛刺,可以用砂纸或刀片修理平整。

②如果塑料件表面有划痕或轻微不平,可以用塑料腻子进行填补,然后打磨平整,如图9-6所示。

> ⚠ **注意事项**
>
> 因为一般塑料件的附着力比较差,若在其上刮涂普通腻子,则很容易脱落,所以要采用专用的塑料腻子进行填补。

③在处理好所有缺陷之后再对塑料件进行清洁,确保整个工件干净,如图9-7所示。

(6)底漆涂装。

①用遮蔽胶带和遮蔽纸将不需要喷涂的部位保护起来,只露出需要喷涂底漆的表面。

②用防静电塑料除油剂对整个施工表面进行彻底的除油,并用粘尘布轻轻擦拭工件表面。

③根据工件的塑料材质选择合适的塑料底漆,并根据涂料产品说明进行调配。

④根据选择的塑料底漆产品说明进行施工。

图 9-6 打磨

图 9-7 清洁塑料件

如某品牌的 P572-2001 单组分塑料黏附底漆的使用说明见表 9-3。

表 9-3 某品牌的 P572-2001 单组分塑料黏附底漆的使用说明

适用范围	P572-2001 单组分塑料黏附底漆是一种透明、快干的单组分底漆，适用于不对溶剂敏感的各种可喷涂塑料材质表面
	不用稀释，直接使用
	喷嘴口径：1.3~1.5mm 喷涂压力： 传统喷枪压力：2.7~3.3bar HVLP 型喷枪压力：1.5~2.0bar
	连续喷涂两个单层
	风干（20℃）：10min
重涂	风干之后无须打磨，可直接喷涂中涂底漆或面漆

（7）中涂底漆涂装。塑料件涂装一般需要在底漆上喷涂中涂底漆，但是有的厂家在喷涂有纹路的塑料件时，为了避免喷涂过厚影响纹理，建议在塑料底漆上直接喷涂面漆。中涂底漆涂装的方法如下：

①选择合适的中涂底漆品种，按规定调配好涂料。喷涂好塑料底漆的工件，可以选择一般的双组分中涂底漆进行施工。值得注意的是，如果工件比较软且容易变形，就需要在双组分中涂底漆中添加适量的塑料柔软剂，以增强涂膜的柔韧性。不同品牌的塑料柔软剂的使用方法不同，某品牌的 P100-2020 塑料柔软剂的使用方法见表 9-4。

表 9-4　某品牌的 P100-2020 塑料柔软剂的使用说明

塑料材质	软质塑料工艺	特软质塑料工艺
注意：添加塑料柔软剂会延长干燥时间		
	双组分底漆　　5 份 P100-2020　　　1 份	双组分底漆　　2 份 P100-2020　　　1 份
	按照常规比例添加固化剂和稀释剂	按照常规比例添加固化剂和稀释剂

②对整个工件正常喷涂 2~3 个涂层。

③采用自然干燥或烘烤干燥的方法进行干燥。注意：由于塑料件容易受热变形，所以在采用烘烤干燥时的烘烤温度不要超过 70℃，烤灯离工件距离不要小于 50cm，烘烤时间不能过长。有些中涂底漆可以采用"湿碰湿"的工艺，不需要等表面完全干燥，不需要打磨就可直接喷涂面漆，如某品牌的 P565-777 超能免磨底漆。在选用时可根据情况合理选择。

④用 P400 号或 P500 号砂纸配合双作用式打磨机打磨中涂底漆，对于边角或不好打磨的部位，建议采用较细型号的菜瓜布进行打磨。如果采用水磨方法，那么建议使用 P600~P1000 号的砂纸。

⑤仔细检查每一个部位，确保所有需要喷涂面漆的部位都打磨到位并打磨至平整光滑。

（8）面漆涂装。

①用风枪或抹布对整个工件表面进行彻底清洁，如图 9-8 所示。

②用遮蔽胶带和遮蔽纸将不需要喷涂的部位保护起来，露出施工表面。

③用除油剂对整个工件表面进行彻底的除油，并用粘尘布轻轻擦拭一遍表面。

④根据所喷涂料的类型和使用方法调配好涂料。面漆可以选择在车身上使用的修补涂料类型，如某品牌的P420单工序纯色漆系列或其品牌的双工序、三工序系列产品。对于较软塑料件，应该在调配涂料时加入适量的塑料柔软剂。对于双工序或三工序涂层，塑料柔软剂要添加在罩光清漆里面。色漆由于涂层较薄，有很好的柔韧性，所以不需要添加。

⑤按照一般工件上的喷涂方法进行面漆喷涂，如图9-9所示。

图9-8 清洁

图9-9 喷涂

（9）干燥及修整。

①采用自然干燥或利用烤灯、烤房烘烤干燥面漆。注意，烘烤时的温度不要超过70℃，温度过高容易导致塑料变形。

②当涂膜完全干燥之后检查涂层表面存在的缺陷。如果缺陷较严重，需要重新喷涂，应该进行返工处理。如果可以通过抛光、打蜡处理，如尘点、流痕等，应该先用P1500~P2000号砂纸将缺陷打磨掉，将涂层表面打磨平整，然后再用进行抛光、打蜡处理。

> ⚠️ **注意事项**
>
> 添加了塑料柔软剂的涂膜一般较软，在使用抛光机高速旋转打磨漆面时，容易因为温度过高损坏涂层，所以对于此类涂层，应尽量使用低速旋转或手工抛光、打蜡的方式进行处理。

③对整个工件表面进行清洁，完成涂装工作。

2. 旧塑料件修补涂装的方法

这里的"旧塑料件"特指之前进行过涂料涂装，只是部分涂层出现损伤的工件。它的一般工艺流程如下：

（1）穿戴好防护用品。

（2）修正变形。修正变形的方法如下：

①用红外线烤灯或其他加热装置加热塑料件的变形部位和周围，如图 9-10 所示。一般周围需要加热到 40℃左右，变形部位需要加热到 60℃，保持大约 10min 时间，大的变形部位将恢复到原来的状态。

②按照图 9-11 所示的方法用手修正其余小的变形，直至恢复整个塑料件的表面形状。

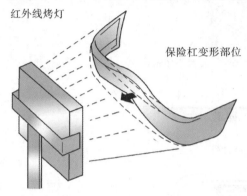

图 9-10　加热变形部位

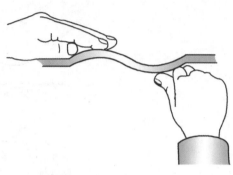

图 9-11　修正变形

（3）修正裂纹。修正裂纹的方法很多，常用的方法有使用黏合剂黏合法、塑料焊接法等。保险杠裂纹一般采用双组分环氧树脂黏合剂进行黏合，具体方法如下：

①清洁裂纹周围部位。

②用较小直径的钻头在裂纹末端钻一个小孔，防止裂纹进一步扩大，如图 9-12 所示。

③用单作用式打磨机将裂纹打磨出 V 形沟槽（如图 9-13 所示），用 P180 号砂纸配合双作用式打磨机将裂纹周围的油漆涂层磨出羽状边。

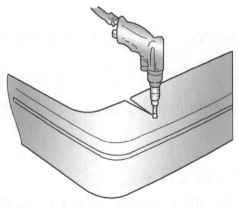

图 9-12　钻孔

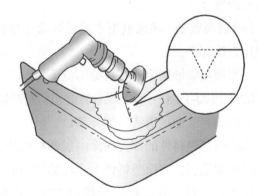

图 9-13　磨槽

④用塑料件除油剂清洁干净裂纹周围部位。

⑤在裂纹周围部位涂上合适的底漆。

⑥将黏合裂纹用的黏合剂按产品说明混合好，在规定时间里面涂布到 V 形沟槽中。

⑦为了保证裂纹高度一致，在裂纹背面前端部位固定一块辅助材料（如薄铁板），用夹

子压好，如图9-14所示。

⑧在黏合剂的部位铺上一层玻璃纤维布并压紧，同时用刮刀将溢出的黏合剂刮到玻璃纤维布上，形成较平的涂层，如图9-15所示。

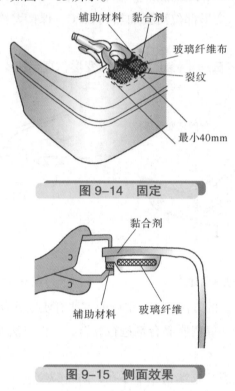

图9-14 固定

图9-15 侧面效果

⑨使用烤灯加速固化或按黏合剂使用说明中的方法固化后，取下夹子。

⑩用双作用式打磨机配合P120~P240号砂纸打磨涂过黏合剂的部位，使其大致恢复原来的表面形状。

（4）表面整平。表面整平主要是对涂过黏合剂的部位，通过刮涂腻子来恢复表面的形状。其具体方法如下：

①用塑料除油剂清洁需打磨部位。

②用P180~P240号砂纸配合打磨机打磨缺陷，并磨出旧涂层的羽状边，如图9-16所示。

③用塑料除油剂清洁需填补部位。

④在裸露塑料件的部位薄涂一层塑料底漆。

⑤在缺陷部位刮涂塑料件上专用的塑料腻子，如图9-17所示。

⑥采用自然干燥或烘烤干燥的方法干燥腻子，如图9-18所示。烘烤干燥时注意烘烤温度和烘烤距离。

⑦待腻子完全干燥之后，选用P120~P240号砂纸配合双作用式打磨机或手工磨板打磨腻子（如图9-19所示），直至完全恢复表面形状。

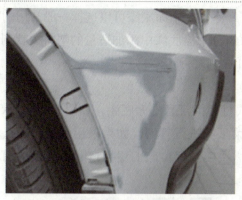 

图 9-16　打磨羽状边　　　　　图 9-17　刮涂腻子

图 9-18　烘烤　　　　　　　图 9-19　打磨腻子

（5）清洁、贴护、除油。

①用风枪吹干净工件上的灰尘，如图 9-20 所示。

②对需要喷涂中涂底漆部位的周边区域进行贴护，如图 9-21 所示。

 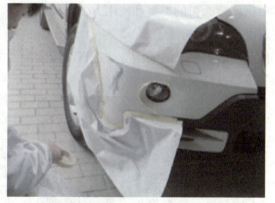

图 9-20　吹尘　　　　　　　图 9-21　贴护

③用除油剂对需要喷涂中涂底漆的部位进行清洁，并用粘尘布粘尘。

（6）底漆涂装。对于裸露塑料件的部位可以采用涂抹或喷涂的方法薄涂一层塑料底漆。

（7）中涂底漆涂装。

①选择合适的中涂底漆品种，按规定调配好涂料。中涂底漆可以选择一般常用的双组分底漆，但是如果工件是柔性塑料，就需要在双组分中涂底漆中添加适量的塑料柔软剂。

②对需要喷涂的部位薄喷 2~3 个涂层，如图 9-22 所示。

③采用自然干燥或烘烤干燥的方法进行干燥。

④用 P400 号或 P500 号砂纸配合双作用式打磨机打磨中涂底漆，如图 9-23 所示，对于边角或不好打磨的部位建议采用较细型号的菜瓜布进行打磨。如果采用水磨，那么建议使用 P600~P800 号砂纸打磨中涂底漆。在打磨需要喷涂部位与旧漆接口时，应该采用相当于 P1500 号砂纸粗细的菜瓜布与粗打磨膏打磨。

图 9-22 喷涂中涂底漆

图 9-23 打磨中涂底漆

⑤仔细检查每一个部位，确保所有需要喷涂面漆的部位都打磨到位并打磨至平整光滑。

（8）面漆涂装。

①用风枪或抹布对整个施工表面进行彻底清洁。如有必要，应该进行全车清洗，防止车辆上的灰尘在喷涂操作时落在烤房或刚喷涂的油漆表面。

②用遮蔽胶带和遮蔽纸将不需要喷涂的相邻部位保护起来，露出施工表面，如图 9-24 所示。

③用除油剂对整个施工表面进行彻底的除油，最后用粘尘布轻轻擦拭一遍表面。

④根据所喷涂料的类型和使用方法调配好面漆。对于较软的塑料，应该在涂料中加入适量的塑料柔软剂。

⑤按照一般工件上的喷涂方法进行面漆喷涂，如图 9-25 所示。

（9）干燥及修整。

图 9-24 面漆喷涂前的贴护

图 9-25 喷涂面漆

学习小结

1. 塑料的组成

塑料是以合成树脂为基体，并加入某些添加剂制成的高分子化合物。

2. 塑料件涂装的目的

（1）提高装饰性能。
（2）增强保护性能。
（3）提供特种功能。

3. 塑料的种类

塑料的种类很多，按其受热性能的不同，可分为热固性塑料和热塑性塑料两大类。

热固性塑料是指经一次固化后，不再受热软化，只能塑制一次的塑料。这类塑料的耐热性能好，受压不易变形，但力学性能较差。

热塑性塑料是指受热时软化，冷却后变硬，再加热又软化，冷却后又变硬，可反复多次加热重新制造的塑料。这类塑料加工成形方便、力学性能较好，但耐热性能相对较差，容易变形。

任务评价

任务评价见表 9-5。

表 9-5　塑料件的涂装操作考核评价表

考核项目	评分标准	分数	学生自评	小组互评	教师评价	备注
团队合作	是否和谐	5				
活动参与	是否积极主动	5				
任务方案	是否正确、合理	15				
安全生产	有无安全隐患	10				
操作过程	（1）新塑料件的涂装； （2）旧塑料件的修补涂装	30				
任务完成情况	是否圆满完成	5				
工具使用情况	是否规范标准	10				
劳动纪律	能否严格遵守	5				
现场 5S 管理	是否做到	10				
工单填写	是否完整、规范	5				
总　分		100				
教师签名		年　　月　　日			得分：	

项目十
局部修补涂装

▶ **项目导入**

张先生自驾出游，不小心将爱车右前翼子板前端漆面擦伤，需要对车辆进行维修，以恢复翼子板原来的漆层效果。

项目十 局部修补涂装

学习目标

知识目标
（1）了解局部修补涂装的适用范围。
（2）掌握汽车面漆的几种常见喷涂方法。
（3）了解影响颜色效果的因素。

技能目标
能够掌握局部修补涂装的方法和技巧。

素养目标
（1）了解安全操作要求，重视人员身体安全与防护，养成安全文明操作的习惯。
（2）养成组员之间相互协作的习惯。

项目任务

局部修补涂装

任务目标

（1）了解局部修补涂装中减小色差的方法。
（2）熟悉局部修补涂装的工艺流程。
（3）能够按照正确的工艺流程进行局部修补涂装作业。

局部修补涂装

知识准备

1. 局部修补涂装的定义及适用范围

局部修补涂装就是对汽车某一部件的局部进行修补，通过驳口的方法，使新喷涂层的颜色、光泽、纹理等形成过渡，让新、旧涂层的外观基本一致，没有明显差异的喷涂方法。驳口是局部修补涂装的关键。驳口工艺是通过低气压、低流量及弧形手法的喷涂将颜色逐渐过渡，使颜色差异难以被肉眼识别的修补方法。当弧形走枪时，枪距较远处的涂层较薄；反之,则较厚。

由于局部修补涂装要采用驳口技术,相对于整块喷涂有一定的难度,许多人不愿意作驳口修补,认为颜色是调色人员的工作,总依赖于调色人员将颜色调配准确。但当学习了银粉的效果原理以及喷涂方式对颜色的影响后,应该知道修补不是只靠调色准确就可以达到的。比如银粉漆、珍珠漆的修补,要使修补之处同原来完全一样几乎是不可能的,因为喷涂过程中很多人为因素和环境因素都会导致颜色的差异,所以因这类颜色问题而返工的概率最高。一定要结合各种实际情况选择适当的工艺,若没有足够的把握进行整块涂装,则最好做好驳口过渡的准备。

做好局部修补涂装可以提高工作效率、节约涂装材料、保证颜色效果的一致性。维修厂内大多数需要进行涂装修理的车辆都属于这种情况。

在进行修补涂装前,确定哪一种情况适合局部修补工艺非常重要。如果在不适合的部位进行局部修补涂装,就会出现进行局部修补涂装后涂层质量差异明显而需要全部重新返工的情况。一般适合采用局部修补涂装的情况如下:

(1)待喷涂涂料颜色与修补部位周围颜色有差异;

(2)喷涂因素对颜色影响较大的涂料的涂装;

(3)损伤面积较小,损伤部位在工件的边角处(如图10-1中圆圈所示部位);

(4)工件是垂直面;

(5)非主要装饰面;

(6)涂料颜色较深;

(7)工序越多,施工越复杂。

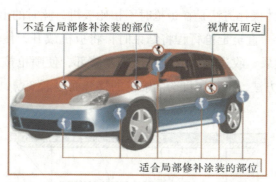

图10-1 车身外部适合局部修补涂装的部位

2. 汽车涂装中常用的喷涂方法

为了达到不同的颜色及涂层效果,可以通过不同的喷涂方法进行调整,汽车涂装中常用的喷涂方法有以下5种:

(1)干喷。干喷是指通过不同的方式使喷涂后的漆面形成较干的涂膜效果的喷涂方法。要达到较干的涂膜效果可以采用以下方法:

①选择快干型溶剂；

②适当加大喷涂气压；

③减少涂料出漆量；

④加快喷涂速度；

⑤升高环境温度。

（2）湿喷。湿喷是指喷涂时涂层达到一定的厚度，形成均匀的、湿润的涂膜层的喷涂方法。要达到湿喷效果可以采用以下方法：

①选择符合喷涂环境的固化剂、溶剂类型。

②调整好喷涂压力、涂料出漆量，保证喷枪雾化效果最好。

③调整好喷枪距离、喷涂速度等。

（3）雾喷。雾喷是指喷涂后的涂层较薄，形成一层均匀的雾状效果的喷涂方法。要达到雾喷效果可以采用以下方法：

①减少涂料的出漆量。

②加快喷涂速度。

③加大喷涂距离。

（4）湿碰湿。湿碰湿是指在连续喷涂时不等上一层涂料完全干燥，只需闪干或表干后，就可以继续喷涂下一层涂料或涂层的方法。采用湿碰湿工艺能缩短涂层间的等待时间，简化涂装工序。对于涂层间或不同涂料之间能否采用湿碰湿工艺，要根据涂料的说明确定，不可随意喷涂。

（5）收边。收边是指通过一定的技巧，在新涂层与旧涂层的边缘形成颜色过渡效果的一种喷涂方法。收边的具体操作方法是在走枪时不扣死扳机，此时的出漆量很小，随着喷枪的移动，逐渐加大供漆量，直至走枪行程将结束时再将扳机放开，使供漆量大大减少，从而获得一种特殊的过渡效果。收边也可以通过甩动手腕部，使喷枪按月牙形轨迹离开修补表面，利用这种喷枪移动方法，涂层厚度会随喷枪的移开而逐渐变薄，起到过渡的效果，如图10-2所示。

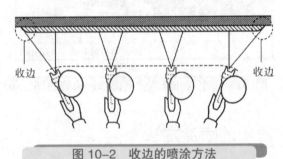

图10-2 收边的喷涂方法

3. 减少局部修补涂装中出现色差的方法

面漆的颜色如能调整得非常正确，会给修补带来方便。但在实际操作中很难把补漆颜色与旧漆颜色调配得完全一致，即使颜色完全一致的面漆喷涂后仍会出现色差。为了减少新、旧涂层的色差，可以采用下面的方法：

（1）驳口颜色渐淡法。当无法使所调补漆颜色与旧涂膜颜色完全一致时，可在施工操作中使局部修补的颜色渐渐地过渡到与旧涂膜的颜色相接近。要达到驳口颜色渐淡，一般可以采用收边和稀释涂料的方法，使新喷涂层的厚度由厚到薄地往旧涂层过渡，从而达到颜色的渐变效果，这样处理后可缓解新、旧漆的色差。

（2）用双层胶带进行局部整喷。利用车身、工件的变化部位（如角度、线条等），在喷涂前使用双层胶带遮盖法。首先沿折口用第一条胶带加遮蔽纸，将角度边缘以上粘贴好，接着在第一条胶带之上采用反向贴护粘贴第二条胶带。局部整喷后，可利用角度相邻两面的明暗产生的视觉差来减缓新、旧漆的色度，这种方法用于银底色漆效果更佳。需要说明的是，在喷涂到两层胶带处时，应尽量减薄，涂膜干燥撕下胶带后须打磨抛光，以避免出现硬边。

（3）以车门或车身部位分界折口为界限，进行局部整喷。利用车身、工件上的分界、折口、明显的轮廓线等，用胶带反向遮蔽后，进行局部喷涂或整喷，以转移人眼的视觉差。

（4）在工件表面狭小的部位进行过渡。

（5）过渡区域尽量采用弧形，避免直线型过渡。

4. 局部修补涂装的工艺流程

局部修补涂装的工艺流程如图 10-3 所示。

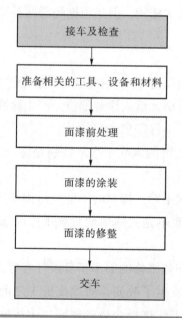

图 10-3　局部修补涂装的工艺流程

任务实施

(一) 作业准备

1. 工具设备的准备

烤灯、喷烤漆房、喷枪、吹尘枪、抛光机、手工打磨块、刮刀及调灰盘等。

2. 防护用品的准备

工作服、工作鞋、工作帽、线手套、防尘口罩、护目镜、耳塞。

3. 实训器材的准备

受损车辆、工作台等。

(二) 操作步骤

1. 局部修补涂装时的面漆前处理

局部修补涂装前的清洁与除油、前处理、底漆的涂装、腻子的刮涂与打磨、中涂底漆的涂装等工序与前面介绍的方法基本相同,但是根据局部修补涂装的特点又有所不同。它的一般施工方法如下:

(1) 清洁与除油。

①全车清洗。不管涂装的面积有多小,在涂装之前一定要对全车进行清洗,避免在涂装过程中车身上的灰尘被带入喷漆房,落入涂装部位,产生涂膜质量缺陷。对全车的清洗也可以起到提高企业形象和给客户留下好印象的目的。

②清洗完成后,将车身上残留的水吹干净。特别是待涂装部位周围的缝隙一定要吹干,避免在操作过程中有水珠流下。

③用除油剂将整个工件擦拭干净。擦拭时不能只对损伤区域除油,如在本项目中应该是对整个右前翼子板进行除油,而不是只简单地对翼子板前端除油,以避免在喷漆时扩大范围,而出现走珠的现象。

(2) 鉴别旧涂层的种类。准备维修的旧车车身板件有可能已经过涂层维修,那么车身表面的涂料类型、性能都有可能发生了改变,所以在施工之前一定要认真鉴别该车右前翼子板的旧涂层种类,以便为后续工作选择合适的底漆、中涂底料、面漆等材料,确定合适的施工工艺,确保在后期施工时不要因为材料不对、施工方法不当而返工。通过鉴别之后发现,本项目中的右前翼子板为原厂漆涂层,涂膜质量较好,可以选用常用的底漆、腻子及面漆品种进行涂装。

（3）评估损坏程度。

①用目测和触摸的方法对损伤区域进行评估，确定损伤范围的大小及损伤变形的程度。对于需要钣金校正的一定要先进行校正，避免在涂装涂层后发现有高点、变形等缺陷再来修复操作。如在本项目中右前翼子板的损伤仅为涂层损伤，板件没有出现变形。

②确定维修工艺。通过评估发现该处损伤面积较小，损伤程度不深，损伤位置又处在翼子板前端（如图10-4所示），翼子板后部整个区域涂层情况较好，符合局部修补涂装的条件，完全没有必要进行整块喷涂，只需要对损伤区域进行局部修复即可。

③确定各涂层的修复范围。根据损伤面积及程度，预估腻子刮涂的范围、中涂底漆层的范围、面漆层的范围及过渡区域，为将局部修补控制在一个合理的范围做好准备，如果范围太大，就失去了局部修补的意义。

（4）贴护。

将不需要修补的相邻区域或部件用遮蔽胶带、遮蔽纸保护起来，以防止打磨时出现意外损伤。如本项目中需要将汽车右前照灯及前保险杠右上端贴护起来。

（5）除旧漆。

选择合适型号的砂纸和打磨机将损伤部位打磨平整。由于在本项目中涂层损伤较轻，只是部分涂层出现损伤，底漆层没有出现破坏，翼子板也没有变形，所以可以选用较细型号的砂纸，如P180~P240号的砂纸配合5mm双作用式打磨机直接将损伤处打磨平整即可，如图10-5所示。打磨时尽量将打磨范围控制在保证平面度的情况下的最小范围。

（6）打磨羽状边。选择P240号砂纸配合5mm双作用式打磨机磨出旧涂层的羽状边（如图10-6所示），同时用P320~P360号砂纸配合5mm双作用式打磨机将羽状边边缘周围5~6cm的区域磨毛。打磨完成后检查打磨的区域是否光滑、平整，如果不平整，就应补刮腻子。在本项目中，由于损伤区域平面度较好，所以不需要刮涂腻子。

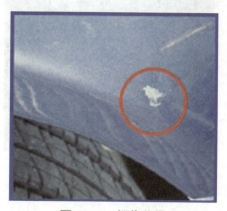

图10-4　损伤位置

图10-5　除旧漆

（7）清洁、除油。用风枪吹干净工件表面的粉尘之后，再对损伤部位进行除油，如图10-7所示。

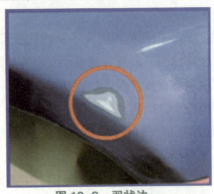
图 10-6 羽状边

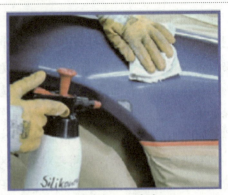
图 10-7 除油

（8）遮蔽。用遮蔽纸和遮蔽胶带将不需要喷涂的部位及部件保护起来。由于中涂底漆层的涂膜较厚，为了防止产生较厚的台阶，应该注意贴护的范围和贴护方法。由于本项目的任务是右前翼子板的局部修补涂装，所以贴护范围应控制在磨毛区里面，并采用反向贴护的方法进行贴护。

（9）除油、粘尘。将工件表面需要喷涂的部位用除油剂擦拭干净，并用粘尘布轻轻擦拭。

金属材料表面清除油污

（10）准备涂料。选择合适的中涂底漆，根据用量及产品技术说明调配好涂料。在本项目中可以选择某品牌的 P565-510 双组分高固含量厚膜底漆。

（11）喷涂中涂底漆。对打磨部位喷涂 1~2 层中涂底漆，如图 10-8 所示。注意，在喷涂时的每道涂层间的闪干，以及涂膜边缘不能喷涂过厚。

（12）干燥。喷涂中涂底漆后，静置 5min 左右，然后再进行烘烤，如图 10-9 所示。

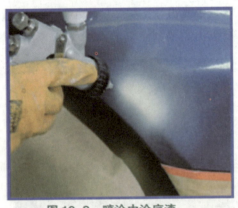
图 10-8 喷涂中涂底漆

图 10-9 干燥

待中涂底漆完全干燥之后，检查表面是否有针孔、划痕、粗砂纸痕等缺陷，如果有，就应该用幼滑腻子进行填补。

（13）打磨中涂底漆。中涂底漆有一定的耐水性，所以中涂底漆既可以湿磨，也可以干磨。如果干磨，就应该选用 P400~P500 号砂纸配合 3mm 双作用式打磨机将中涂底漆打磨平整；如果采用水磨，应该选用 P600 号、P800 号或 P1000 号水磨砂纸配合打磨块将中涂底漆打磨平整，如图 10-10 所示。

（14）打磨过渡区域。中涂底漆打磨好之后，将翼子板用喷水壶喷湿；用相当于P1500号砂纸粗细的菜瓜布配合驳口研磨膏，按图10-11所示范围均匀打磨中涂底漆周围的过渡区域的旧涂层，直至没有光泽为止，如图10-12所示。注意在确定过渡区域的范围时，既要考虑能将各涂层容纳在过渡区域内，同时又要尽可能地缩小整个涂装范围。一般地，白珍珠漆及浅银粉漆的过渡区较大，普通银粉漆次之，纯色漆最小。

图10-10 打磨中涂底漆

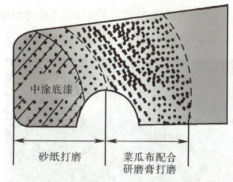

图10-11 打磨范围

（15）清洁。打磨完成，检查没有问题之后，用清水将翼子板表面清洗干净并吹干。

（16）贴护除油。用遮蔽纸和遮蔽胶带将翼子板周围的工件贴护好，贴护范围如图10-13所示。贴护好之后再次对翼子板进行彻底清洁与除油。

图10-12 打磨过渡区域

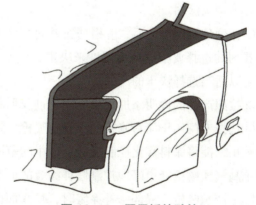

图10-13 翼子板的贴护

2. 局部修补涂装时的面漆涂装方法

面漆的局部修补涂装方法根据涂装涂料的类型不同，可以分为单工序面漆的局部修补涂装、双工序面漆的局部修补涂装和三工序面漆的局部修补涂装。

1）单工序面漆的局部修补涂装

由于单工序面漆的操作工序简单，喷涂次数较少，所以局部修补涂装的工艺也较简单。它是学习局部修补涂装方法的基础。

（1）调配颜色。

①根据修补面积的大小,确定需要的涂料用量。在本项目中,由于修补面面积不大,只需要很少的涂料。

②按照面漆调色的相关方法,找出颜色最接近的涂料配方,计算出0.1L中各个色母的质量,在电子秤上进行计量调色。

③将计量调色好的涂料与车身颜色进行对比,如图10-14所示。如果需要微调,应该进行微调,并喷涂试板进行比较,如图10-15所示。由于局部修补能很好地使颜色产生过渡效果,所以当颜色稍有差异时可以通过喷涂的方法使新、旧涂层的颜色接近一致,但是这并不表示在调色时对颜色的准确性无所谓,还是应该尽量调得接近一些。

图10-14 颜色对比

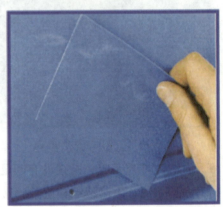
图10-15 试板对比

(2)调配涂料。

①在颜色调配好之后,应根据涂料的产品说明选择合适型号的固化剂及稀释剂。固化剂和稀释剂的选择要根据环境温度来决定,但是由于喷涂面面积较小,为了能干燥得快一点,所以可以适当选择快干的产品。

②按照产品的说明添加适量的固化剂及稀释剂,并混合均匀。

③选择专门用于涂料修补的小修补喷枪,将涂料过滤到喷枪里面。由于小修补喷枪所用气压较小,能将涂料雾化控制在一个很小的范围内,所以在局部修补涂装时比普通喷枪特别是传统高气压喷枪能更好地控制修补涂装的面积。

(3)调整喷枪。局部修补涂装时,喷涂面面积较小,所以喷枪的出漆量、扇幅宽度、喷涂气压也较小。一般建议将喷涂气压控制为0.13~0.17MPa。

(4)喷涂面漆。单工序纯色面漆的驳口方法一般有以下两种:

①使用驳口溶剂的方法。

a. 中等湿度的喷涂——第一遍面漆。喷涂范围比中涂底漆区域略大,如图10-16所示。在中涂底漆边缘部位采用弧形喷涂手法进行过渡,使靠近边缘的面漆比里面的涂层薄。

b. 按正常厚度喷涂——第二遍面漆。完全遮盖住底层,颜色均匀一致,喷涂范围比第一遍面漆稍大,如图10-16所示,边缘部位同样采用弧形喷涂手法进行过渡。

c. 第三遍喷涂。用驳口溶剂按1:1的比例与喷枪里面的涂料进行混合(混合比例要参考具体产品的说明），然后采用弧形喷涂手法，在第二遍面漆上再湿喷一遍，形成最终的纹理、颜色及过渡效果。第三遍喷涂的面积也应该比第二遍稍大，如图10-16所示，但是范围不允许超出驳口准备区。

d. 清洗喷枪。用纯驳口溶剂在第三遍面漆的边缘轻喷1~2遍（如图10-17所示），以溶解边缘较粗的涂料颗粒。注意，因为纯驳口溶剂黏度比较小，所以在进行喷涂时不宜过厚，否则容易流挂。

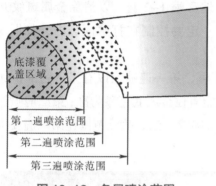

图10-16　各层喷涂范围

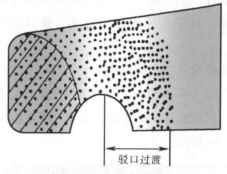

图10-17　驳口过渡范围

②将双组分清漆当成调和清漆的方法。该方法适用于高光泽的新涂膜及显眼位置的驳口。具体方法如下：

a. 以弧形喷涂方法喷涂两遍单工序双组分面漆，以盖住底层颜色。

b. 用一份调好的双组分清漆兑两份喷枪里面的面漆，混合均匀之后用弧形喷涂手法覆盖上一层面漆。

c. 将喷枪清洗干净，用弧形喷涂手法将调配好的清漆覆盖整个经表面处理的区域。

2）双工序面漆的局部修补涂装

由于双工序面漆有两个涂层，金属漆的颜色效果又与很多因素有关，所以双工序面漆的局部修补涂装比单工序面漆的局部修补涂装难得多。现在的汽车大部分采用双工序金属面漆，所以双工序面漆的局部修补涂装工艺是一个合格的涂装工必须掌握的技能。双工序金属面漆的局部修补涂装操作步骤如下：

（1）调配颜色。根据修补面积的大小，确定底色漆的用量，采用计量调色和人工微调的方法将颜色调配准确。

（2）调配涂料。根据涂料的产品说明，选择合适的固化剂、稀释剂类型，确定混合比，调出底色漆及清漆。

（3）调整喷枪。将底色漆过滤到喷枪之后，调整喷枪的出漆量、扇幅宽度、喷涂气压等参数。一般地，双工序金属面漆在喷涂色漆时用的气压比单工序面漆和清漆喷涂的气压略低。

（4）喷涂面漆。

①喷涂已调配好的金属（银粉）底色漆。

a. 喷涂第一遍底色漆。第一遍底色漆喷涂面积比中涂底漆稍大，涂层边缘采用弧形喷涂手法，薄薄地喷涂一层，增强涂层间的亲和力，防止出现咬底、走珠等缺陷。

b. 喷涂第二遍底色漆。第二遍底色漆比第一遍底色漆范围稍大，正常喷涂，以盖住底层颜色，同时在涂层边缘采用弧形喷涂手法，让边缘颜色形成过渡效果。如果此遍喷涂完毕还没有完全盖住底材，可以等涂层干燥之后再用相同的方法喷涂1~2遍，以保证盖住底层颜色为标准。

c. 喷涂第三遍底色漆。用1∶2的比例混合驳口溶剂和喷枪里面的色漆（混合比例要参考具体产品的说明），采用弧形喷涂手法，薄薄地雾喷1~2遍，以消除金属斑纹并调整金属感，让颜色形成自然过渡。最后喷涂的范围一定要控制在打磨区域内，如图10-18所示。

② 喷涂已混合好的清漆。清漆一般喷涂两遍即可，第一遍喷涂以有光泽为准，涂层要薄，不能太厚，否则会影响颜色效果，喷涂范围以能盖住金属底色漆为准；第二遍喷涂稍厚一些，以形成最终的光泽、纹理，涂层边缘采用弧形喷涂手法，喷涂范围比第一遍要大，如图10-19所示。

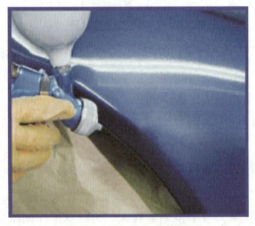

图10-18　喷涂底色漆

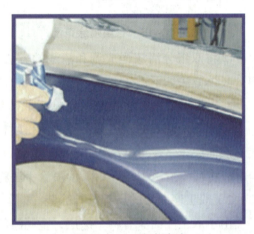

图10-19　喷涂清漆

③ 驳口过渡处理。先将喷枪里面的清漆按1∶1的比例混合驳口溶剂，在清漆层与驳口处做渐变。

在将喷枪清洗干净后，注入纯驳口溶剂扩大驳口渐变位置。每一次喷涂时都要适当地调整喷枪的气压和喷幅，使之逐渐变小，以达到喷雾逐渐变淡的目的。有时还要根据适当情况改变出漆量（如图10-20所示）。

进行双工序面漆［主要是金属（银粉）漆］局部修补涂装应注意以下几点：

（1）底色漆的喷涂面积及方向（如图10-21所示）。底色漆的喷涂面积应尽量小，但也必须保证底色漆的有效过渡，并没有明显的断接面和色差。控制底色漆的喷涂方向有利于控制修补面积，使银粉不超过驳口区域，以达到缩小局部修补范围的目的。

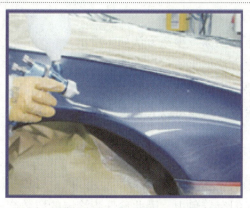
图10-20 清漆驳口处理

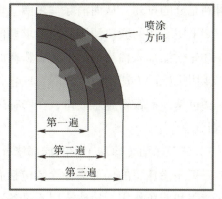
图10-21 底色漆的喷涂面积及方向

（2）清漆及驳口溶剂的喷涂面积和方向。清漆喷涂的面积应该能把底色漆完全盖住，喷涂时的方向朝内（如图10-22所示），这样可以控制整个涂层的面积。喷涂驳口溶剂时方向朝外，让涂膜形成一个由厚到薄的过渡（如图10-23所示）。

（3）喷涂各层涂料时，涂层边缘一定要形成一个由厚到薄的过渡，这样才能最终与周围未修补的区域融合。

（4）双工序金属漆的颜色效果与涂层干燥程度有关，所以底色漆在喷涂时一定要每层充分闪干。

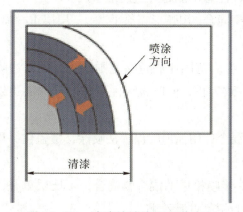
图10-22 清漆的喷涂面积及方向

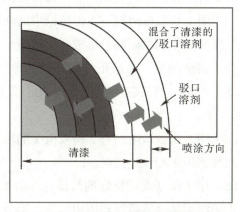
图10-23 驳口溶剂的喷涂面积及方向

（5）喷涂双工序金属漆时应避免形成"黑圈"。"黑圈"现象是喷涂双工序金属漆时需要特别注意的一个问题，即在修补部位与未修补部位的结合处出现一圈颜色较深的痕迹，使修补区域非常明显。

"黑圈"现象的产生主要是由于修补部位通常喷得比较湿，银粉颗粒排列比较有序，而涂层边缘部位采用弧形喷涂手法，涂料比较干燥，银粉颗粒不能很好地排列，在光线折射下会显得颜色有明显的差异。"黑圈"现象可以采用以下4种方法消除：

①在喷涂底色漆之前，先取少量调配好的清漆加入9倍的清漆稀释剂混合搅匀后再在整个打磨区域内薄喷一遍，这样可以使被修补区域形成一层湿润无色的底，然后再进行底色漆的喷涂修补。因为清漆干燥得比较慢，修补区域边缘飞溅的银粉颗粒可以在比较湿润的环境

下得到充分的排列，从而消除"黑圈"现象。

②采用专用的驳口清漆，按要求调配好后直接喷涂，喷涂方法如①所示。

③先喷涂加入稀释剂的平衡银粉树脂，喷涂方法如①所示。

④用挑枪的方法消除"黑圈"现象，但需要一定的技巧和经验。

颜色越浅的银粉越难驳口，在修补之前喷涂驳口清漆可以大大改善银粉驳口边缘产生的"黑圈"现象。

3）三工序面（珍珠）漆的局部修补涂装

三工序珍珠漆的局部修补涂装包括底色漆层、珍珠漆层、清漆层3个方面。底色漆层主要起遮盖和着色作用，珍珠漆层不具备遮盖力，但有着色力，因此珍珠漆涂层的层数会极大地影响最终涂膜的颜色。无论在颜色调配还是局部修补方面，三工序珍珠漆的局部修补涂装都是比较困难的工艺。一般运用"个体多涂层喷涂试验"（每位技术人员喷涂的涂膜厚度、方法、走枪速度、次数的不同，导致颜色的不同，所以选择一个适合的喷涂次数）的方法来确定最终颜色及效果。

三工序珍珠漆的局部修补涂装主要分为喷涂过程中的颜色校正和驳口工艺。颜色校正一般采用"个体多涂层喷涂试验"的方法。确定了喷涂珍珠漆层的数目后，即可进行修补。下面以某品牌的P422系列三工序珍珠漆为例介绍三工序珍珠漆的局部修补涂装方法。

（1）将正常调配的纯底色漆覆盖住损伤区域，注意不能超过过渡准备区。

（2）用1份驳口溶剂与2份喷枪中的纯底色漆混合，用弧形喷涂手法，一层层重叠喷涂，让底色漆颜色与旧涂层颜色形成自然过渡。

（3）清洗喷枪，喷涂正常稀释过的珍珠漆，喷涂范围比底色漆范围略大，同时边喷边进行颜色校对，直到涂层颜色与周围区域基本一致为止，同时也要注意每层珍珠漆边缘的收边。

（4）用1份驳口溶剂与2份喷枪中的珍珠漆混合，用弧形喷涂手法喷涂，覆盖住一层涂膜，边缘部位采用收边过渡。

（5）用1份常规调配好的清漆与2份第（4）步喷枪中的混合物混合，一层层重叠，采用弧形喷涂手法过渡喷涂到周边区域，形成最终的颜色过渡效果。

（6）清洗喷枪，将正常调配好的清漆雾喷到整个珍珠漆覆盖的区域。此层清漆不宜太厚，以免引起珍珠漆发花。

（7）第一遍清漆闪干之后，按双工序面漆中的清漆喷涂方法喷涂罩光清漆，并喷涂驳口溶剂。

总之，三工序珍珠漆的驳口技术比较复杂，所以一般不建议进行局部修补，尽量进行板块喷涂，必要时做板块间的驳口，有时要做好驳口至相邻的第二块板块、甚至第三块板块的准备。

3. 局部修补涂装时的面漆修整方法

（1）面漆干燥。面漆喷涂完成后，静置10min左右，再使用红外线烤灯进行烘烤，一般需要在60℃的条件下加热30min左右（金属表面温度）才能完全干燥。若干燥不充分，打磨时容易出现泛白现象。另外，通过加热丙烯酸聚氨酯的喷射雾滴被驳口稀释剂所溶解，能使其很好地融合（如图10-24所示）。

（2）抛光、打蜡。局部修补涂装的区域往往要进行打蜡、抛光以去除驳口的粗喷痕迹以及新喷涂层与旧涂层间的光泽、纹理等差异。局部修补涂装的一般抛光、打蜡方法如下：

①将修补区域表面的涂膜缺陷用P1500~P2000号砂纸打磨平整，并轻磨驳口位置。

②用海绵将抛光剂均匀地涂抹在打磨的漆面上。

③用抛光机或手工的方法对打磨区域进行抛光处理（如图10-25所示），消除砂纸打磨痕迹，同时让驳口区域形成良好的过渡。在修补部位四周的驳口处抛光时，按修补部位向旧漆面部位的方向抛光，如图10-26所示。抛光力度不宜过大，抛光程度不宜过深，以防止产生补涂边缘线形，使漆面达到光泽柔和过渡即可。

图10-24 面漆干燥

图10-25 抛光、打蜡

④面漆涂膜抛光处理好之后，对整个翼子板进行打蜡保护。

⑤在抛光、打蜡完成之后，对修复部位进行检查，确保颜色过渡自然，没有明显的差异，没有抛光、打蜡的痕迹，如图10-27所示。

⑥清洁车辆，完成局部修补涂装。

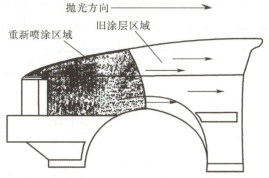
图10-26 局部修补时的抛光方向

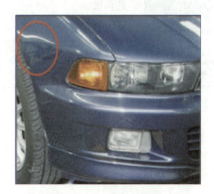
图10-27 检查效果

学习小结

1. 局部修补涂装的定义

局部修补涂装就是对汽车某一部件的局部进行修补，通过驳口的方法，使新喷涂层的颜色、光泽、纹理等形成过渡，让新、旧涂层外观基本一致，没有明显差异的喷涂方法。

2. 汽车涂装中常用的喷涂方法

为了达到不同的颜色及涂层效果，可以通过不同的喷涂方法进行调整，汽车涂装中常用的喷涂方法有干喷、湿喷、雾喷、湿碰湿和收边 5 种。

任务评价

任务评价见表 10-1。

表 10-1 局部修补涂装操作考核评价表

考核项目	评分标准	分数	学生自评	小组互评	教师评价	备注
团队合作	是否和谐	5				
活动参与	是否积极主动	5				
任务方案	是否正确、合理	15				
安全生产	有无安全隐患	10				
操作过程	（1）局部修补涂装的时面漆前处理； （2）局部修补涂装的时面漆涂装； （3）局部修补涂装时的面漆修整	30				
任务完成情况	是否圆满完成	5				
工具使用情况	是否规范标准	10				
劳动纪律	能否严格遵守	5				
现场 5S 管理	是否做到	10				
工单填写	是否完整、规范	5				
总 分		100				
教师签名	年　　月　　日					得分：

项目十一
板块修补涂装

▶ **项目导入**

春节期间,吴先生开车回家探亲,在路上汽车左前翼子板擦伤变形。经汽车钣金技术人员修复后还需要对车辆进行涂装修复,以恢复翼子板原有的形状、颜色及光泽等。

项目十一　板块修补涂装

学习目标

知识目标
（1）了解汽车板块修补涂装的定义及适用范围。
（2）掌握常见的板块修补涂装工艺。
（3）掌握板块修补涂装的操作流程。

技能目标
能够掌握汽车板块修补涂装的方法和技巧。

素养目标
（1）了解安全操作要求，重视人员身体安全与防护，养成安全文明操作的习惯。
（2）养成组员之间相互协作的习惯。

项目任务

板块修补涂装

任务目标

（1）了解汽车板块修补涂装的定义和适用范围。
（2）熟悉汽车板块修补涂装的工艺流程。
（3）能够按照正确的工艺流程对汽车板块进行修补涂装作业。

板块修补涂装

知识准备

1. 板块修补涂装的定义及适用范围

板块修补涂装是对汽车车身上的某一块或几块部件进行修补的涂装工艺。它与一般的整块工件喷涂不同，因为与汽车车身上的板块相邻的部件很多，如果在喷涂之后有稍微的颜色差异，就会有很大的区别。

板块修补涂装虽然没有局部修补涂装节约涂料，也没有单纯的整块喷涂简单，但是它能较好地避免颜色差异所导致的返工现象，所以一般对于不能采用局部修补涂装，而需要整块喷涂的部件，有经验的师傅都采用板块修补涂装，它是一种比较稳当、有效的施工方式。

若遇到下列情况，建议采用板块修补涂装：

（1）车身水平面的板块。车身水平面的板块，如车顶、发动机罩、行李舱盖等部件，因为直接经受太阳光的照射、雨水的冲洗，如果采用局部修补涂装，边缘较薄的过渡区域容易出现涂膜老化脱落，使新、旧涂层接口明显，所以对于水平面的板块一般建议进行板块修补涂装。

（2）新车身钣金件。因新车身钣金件只有底漆，所以面漆必须进行板块修补。车身的钣金件喷涂必须根据原有车身涂层选择正确的涂料，对修补的板件区域要进行正确的调色，根据所修板件所处位置的特点，采用相应的板块修补工艺才能达到无痕迹修补的目的。

（3）损伤面积比较大的部件。当损伤区域在板件的中间位置，或损伤面积较大不适合局部修补涂装时，应该采用板块修补涂装，如图11-1所示。

图11-1　板块修补涂装

2. 常见的板块修补涂装工艺

常见的板块修补涂装工艺根据修补面漆的不同，可以分为两种情况：一是板块内的过渡；二是板块间的过渡。

（1）板块内的过渡指的是喷涂时将色漆的范围控制在板块内部，同时色漆边缘形成颜色过渡，而对整个板件采取满喷透明清漆的工艺。此种方法一般适合损伤区域不是很大，损伤位置适合作局部修补的情况，如图11-2所示。

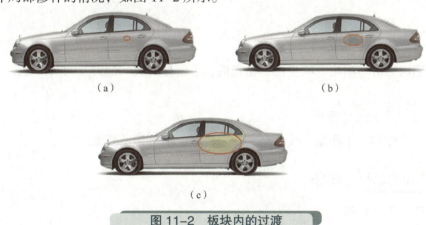

图11-2　板块内的过渡

（a）损伤范围；（b）色漆修补范围；（c）清漆修补范围

（2）板块间的过渡指的是除了对损伤板件的修补外，还将颜色用驳口的方式过渡到被修补板块的相邻板块上的工艺。此种方法适用于损伤区域靠近相邻板块，或更换新的车身钣金件，或对颜色没有十分把握的情况，如图11-3所示。

3. 板块修补涂装的工艺流程

板块修补涂装的工艺流程如图11-4所示。

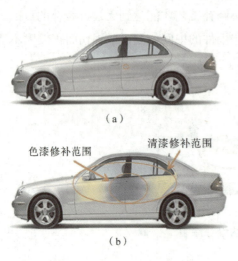

图11-3 板块间的过渡
(a) 损伤范围；(b) 修补后的范围

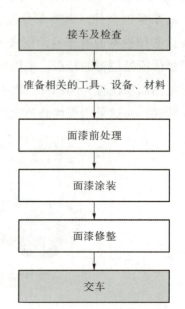

图11-4 板块修补涂装的工艺流程

任务实施

（一）作业准备

1. 工具设备的准备

烤灯、喷烤漆房、喷枪、吹尘枪、抛光机、手工打磨块、刮刀及调灰盘等。

2. 防护用品的准备

工作服、工作鞋、工作帽、线手套、防尘口罩、护目镜、耳塞。

3. 实训器材的准备

受损车辆、工作台等。

（二）操作步骤

1. 板块修补涂装时的面漆前处理

板块修补涂装前的表面前处理、底漆的涂装、腻子的刮涂与打磨、中涂底漆的涂装等工序前面介绍的方法基本相同，一般方法如下：

（1）清洁、鉴定、评估及遮蔽。在将全车清洗干净之后，鉴别旧涂层的种类，评估工件损坏的程度，确定维修的工艺。在本项目中，由于损伤部位较大，不适合局部修补涂装，如果直接喷涂整块翼子板，又怕与车门颜色不一致，所以在综合考虑后决定采用板块修补涂装工艺。

（2）遮蔽、除油。将损伤部位周围用遮蔽纸保护起来（如图11-5所示），同时对需要打磨的区域进行除油（如图11-6所示）。

（3）除旧漆、打磨羽状边。选择合适型号的砂纸和打磨机将损伤区域内的旧漆打磨干净（如图11-7所示），并打磨出旧漆层的羽状边（如图11-8所示）。

图11-5　遮蔽

图11-6　除油

图11-7　除旧漆

图11-8　打磨羽状边

（4）刮涂腻子。在将工件清洁与除油干净之后，选取适量的腻子进行刮涂（如图11-9

所示），并用红外线烤灯进行烘烤干燥（如图 11-10 所示）。

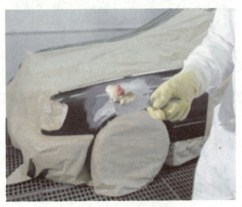

图 11-9　刮涂腻子

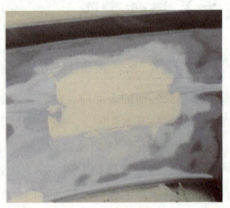

图 11-10　干燥腻子

（5）打磨腻子及磨毛旧涂层。用打磨机或手工打磨块配合合适的砂纸将腻子打磨平整（如图 11-11 所示），如果需要再刮腻子，就应及时补刮腻子，以避免后期因为腻子问题而返工。在腻子打磨平整之后，将腻子周围的旧涂层用 P360 号砂纸配合双作用式打磨机磨毛（如图 11-12 所示）。

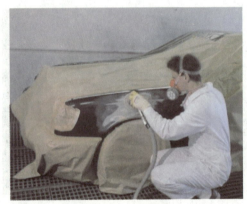

图 11-11　打磨腻子

图 11-12　磨毛旧涂层

（6）清洁、除油、遮蔽。在工件打磨好之后，用风枪吹干净表面的粉尘，用除油剂将腻子周围的区域擦拭干净，最后将需要喷涂中涂底漆的部位遮蔽起来，如图 11-13 所示。

（7）喷涂防锈底漆、中涂底漆。如果工件上有裸露金属的部位，就应先作防锈处理（如图 11-14 所示），待防锈底漆表干之后，再在其上喷涂 2~3 层调配好的中涂底漆（如图 11-15 所示），然后进行烘烤干燥。

（8）涂指示层、打磨中涂底漆。在中涂底漆完全干燥之后，在中涂底漆上面涂上或喷上指示层（如图 11-16 所示），然后选用合适型号的砂纸和打磨机将中涂底漆打磨光滑平整（如图 11-17 所示）。打磨完之后应及时检查，如果有针孔、细划痕等缺陷，就用幼滑腻子或双组分腻子填平之后再打磨平整。

（9）打磨过渡区域。根据板件的损伤情况，选择板块修补（板块间过渡）工艺，所以除了要打磨翼子板外，对相邻的车门也应进行磨毛处理。在中涂底漆打磨好之后，将翼子板上的其他部位及前车门用喷水壶喷湿，用相当于 P1500 号砂纸粗细的菜瓜布配合驳口研磨膏进行均匀打磨，直至没有光泽为止。

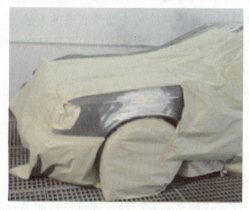

图 11-13　遮蔽

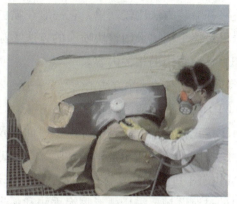

图 11-14　喷涂防锈底漆

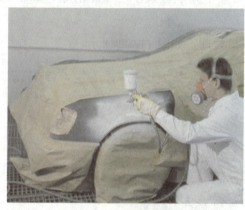

图 11-15　喷涂中涂底漆

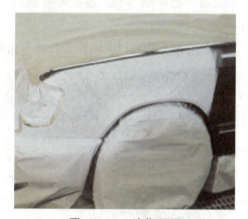

图 11-16　涂指示层

（10）清洁。在打磨完成，并检查没有问题之后，用清水将翼子板表面清洗干净，并吹干。

（11）贴护、除油。用遮蔽纸和胶带将翼子板、前车门周围的工件贴护好，贴护范围如图 11-18 所示。在贴护好之后再次对翼子板进行彻底清洁除油。

图 11-17　打磨中涂底漆

图 11-18　面漆前贴护

乙 板块修补涂装时的面漆涂装

根据修补范围的不同，板块修补涂装可以分为板块内过渡、板块间过渡。板块内过渡的板块修补涂装方法比较简单，它一般在喷色漆时采用局部修补涂装中喷涂底漆的方法进行喷涂，再对整个板块采用整块喷涂的方法喷涂罩光清漆，具体操作方法可以参考面漆的涂装和局部修补涂装中的相关内容。

板块间过渡的喷涂方法稍微复杂一点，根据喷涂涂料的类型不同，它又可以分为以下3种：

（1）单工序面漆的板块间过渡方法。

①按正常调配方法调配好单工序面漆及清漆。

②按图11-19所示范围正常喷涂第一遍单工序面漆并闪干。

③按图11-20所示范围正常喷涂第二遍单工序面漆，确保遮盖住底层颜色，同时注意涂料的过渡区域要采用弧形喷涂手法和弧形过渡区，让颜色在车门处达到自然过渡的效果。

④按第一遍薄喷、第二遍正常喷涂的方法对整个翼子板及车门喷涂清漆，如图11-21所示。

⑤对车门框上的驳口区喷涂驳口溶剂进行驳口处理，如图11-22所示。

图11-19　第一遍面漆范围

图11-20　第二遍面漆范围

图11-21　喷涂清漆

图11-22　驳口区

（2）双工序面漆的板块间过渡方法。

①按正常调配方法调配好双工序面漆及清漆。

②将翼子板上有中涂底漆的地方先雾喷第一遍底漆并闪干。

③按图11-23所示范围正常喷涂第二遍底漆并闪干。

④按图11-24所示范围采用弧形喷涂手法喷涂第三遍底漆并闪干。

⑤按图11-25所示范围正常喷涂第四遍底漆并闪干，确保此层在喷涂完成后完全遮盖住底层。

图11-23　第二遍底漆范围　　　　　　　　图11-24　第三遍底漆范围

⑥将喷枪中的底漆与驳口树脂按比例混合好之后，对翼子板及翼子板与车门连接处喷涂第五遍底漆，注意在过渡区域采用弧形喷涂手法喷涂，让颜色形成自然过渡，如图11-26所示。

图11-25　第四遍底漆范围　　　　　　　　图11-26　颜色过渡区域

⑦按第一遍薄喷、第二遍正常喷涂的方法对整个翼子板及车门喷涂清漆，如图11-27所示。

⑧对车门框上的驳口处使用驳口溶剂进行驳口处理，如图11-28所示。

图11-27　喷涂清漆　　　　　　　　　　　图11-28　驳口处

（3）三工序面漆的板块间过渡方法。三工序面漆中的底漆与珍珠漆在做板块间过渡时的方法，与三工序面漆的局部修补涂装中的底漆、珍珠漆的喷涂方法一致，最后喷涂清漆时进行整块喷涂即可。

3. 板块修补涂装时的面漆修整

（1）面漆的干燥。在面漆喷涂完成后，静置10~15min，撕掉喷涂部位周围的遮蔽胶带，使用烤漆房或红外线烤灯进行烘烤，温度控制在60℃，加热时间为30min左右（金属表面温度），让涂层完全干燥。

（2）抛光、打蜡。待烘烤过的涂层干燥冷却后，检查喷涂的漆面，将涂膜表面细小的缺陷用P1500~P2000号砂纸打磨平整，再通过抛光、打蜡的方法恢复其表面光泽。对于板块修补涂装中的驳口区域，最好使用手工操作的方法进行抛光、打蜡，抛光方向也是从新涂层往旧涂层方向进行，直至接口柔和、没有明显差异为止。

（3）清理清洁。将残留的遮蔽纸、抛光剂清除干净，并清洁车身表面，检查没有问题之后，完成修复工作。

学习小结

1. 板块修补涂装的定义及适用范围

板块修补涂装是对汽车车身上的某一块或几块部件进行修补的涂装工艺。它与一般的整块工件喷涂不同，因为与汽车车身上的板块相邻的部件很多，如果在喷涂之后有稍微的颜色差异，就会有很大的区别。

2. 常见的板块修补涂装工艺

常见的板块修补涂装工艺根据修补面漆的不同可以分为两种情况：一是板块内的过渡，二是板块间的过渡。

任务评价

任务评价见表11-1。

表11-1 板块修补涂装操作考核评价表

考核项目	评分标准	分数	学生自评	小组互评	教师评价	备注
团队合作	是否和谐	5				
活动参与	是否积极主动	5				
任务方案	是否正确、合理	15				
安全生产	有无安全隐患	10				

续表

考核项目	评分标准	分数	学生自评	小组互评	教师评价	备注
操作过程	（1）板块修补涂装时的面漆前处理； （2）板块修补涂装时的面漆涂装； （3）板块修补涂装时的面漆修整	30				
任务完成情况	是否圆满完成	5				
工具使用情况	是否规范标准	10				
劳动纪律	能否严格遵守	5				
现场 5S 管理	是否做到	10				
工单填写	是否完整、规范	5				
总　　分		100				
教师签名	年　　月　　日				得分：	

项目十二
全车修补涂装

▶ 项目导入

陈先生的汽车使用了5年，由于平时使用及维护不当，车身表面油漆涂层已经出现了不同程度的失光、划伤、凹陷等缺陷。现在，他想通过汽车涂装修理恢复整个车身表面的形状、颜色、光泽、纹理等，请根据车主的要求对车辆进行适当的维修。

项目十二　全车修补涂装

学习目标

知识目标
（1）了解全车修补涂装的定义及适用的范围。
（2）掌握常见的全车修补涂装工艺。
（3）掌握全车修补涂装的操作流程。

技能目标
能够掌握全车修补涂装的方法和技巧。

素养目标
（1）了解安全操作要求，重视人员身体安全与防护，养成安全文明操作的习惯。
（2）养成组员之间相互协作的习惯。

项目任务

全车修补涂装

任务目标

（1）了解全车修补涂装的定义和适用范围。
（2）熟悉全车修补涂装的工艺流程。
（3）能够按照正确的工艺流程对汽车进行全车修补涂装作业。

全车涂装

知识准备

1. 全车修补涂装的定义及适用范围

全车修补涂装是指对汽车车身及所有车身覆盖件进行的涂装作业。

汽车的使用环境复杂、恶劣，油漆涂层经常受到雨水、微生物、紫外线和其他酸碱物质等的侵蚀，有时还会出现碰撞、刮擦等，从而造成漆面出现不同程度的失光、变色、划伤及破损等，如果不及时维护，不仅影响美观，还会导致涂层保护性能的降低及丧失，从而降低车辆的商业价值和使用寿命。对于汽车车身部位出现涂层损坏的情况，小面积的可以采用局部或板块修补涂装，对于多处涂层损伤的情况，如果采用局部或板块修补涂装，很可能出现汽车车身颜色、光泽、纹理不一致的情况，影响美观；如果采用全车修补涂装，就能很好地避免产生"花车"，而且也能给人一种焕然一新的感觉。

采用全车修补涂装工艺的汽车除了漆面多处损伤的情况之外，还有全车改色和全车翻新两种情况。

在汽车制造厂，全车修补涂装一般采用机械喷涂（如图12-1所示），但是由于条件限制，在汽车维修厂或汽车修理店一般采用手工喷涂（如图12-2所示）。

2. 全车修补涂装的方法

全车修补涂装根据喷涂方法可以分为实喷法、驳口法以及实喷驳口相结合的方法等。

（1）实喷法是指汽车车身所有覆盖件上都采用边对边的喷涂方法，也就是汽车上全部满喷色漆的方法。这种方法适合全车漆改色，以及汽车上损伤部位较多的情况。采用这种喷涂方法可以使喷涂完的车辆达到全车颜色一致，但是相比于驳口法比较浪费涂料。

图 12-1　机械喷涂

图 12-2　手工喷涂

（2）驳口法是指在汽车受损区域采用局部喷涂色漆，完好的区域可以不喷色漆，然后整车喷涂清漆的方法。这种方法适合旧车漆面损伤范围比较小、待喷部位适合局部修补的整车翻新喷涂。采用这种喷涂方法可以节约涂料，但是对喷涂技术要求较高，否则很难保证车辆喷涂后颜色的一致性。

（3）实喷驳口相结合的方法就是在喷涂时根据喷涂部位的面积和位置的不同，能采用局部喷涂的部位就采用局部喷涂，不能采用局部喷涂的部位就采用板块喷涂，最后整车喷涂清漆的方法。这种方法适合全车损伤部位不是很多，损伤面积大小不一致的全车翻新涂装。采用这种喷涂方法既可以达到颜色一致，也可适当节约涂料，对喷涂技术要求也较高。

在进行全车修补涂装时要根据具体的情况，采用合适的方法进行喷涂。总的原则是用最少的材料，达到最好的效果。

3. 全车修补涂装的顺序

对于全车修补涂装的顺序，总的原则是先内后外、先边后面、先上后下。具体的路线没有一个硬性规定或规则，每个操作人员都有自己不同的操作思路，但有一点是一致的，即防止喷涂时产生的漆尘落到已喷涂好的涂面上、减少后喷涂层对已喷涂层的影响，以及保持整个涂层的湿润度。目前汽车维修厂使用下降式（空气由房顶进入，由地槽排出）通风喷漆房较为普遍，使汽车的3个水平面（车顶、前盖、后盖）获得最佳的湿润度，以及喷涂中间添加涂料后尽可能避免再喷涂时漆尘飞扬到邻近已涂的涂面。正确的喷涂顺序对漆面获得最佳效果是极为重要的。一般喷涂顺序如下：

（1）喷涂车辆内部。首先喷涂发动机罩反面及发动机舱里面，再喷涂行李舱盖反面及行李舱里面，然后喷涂4个车门反面及4个车门框里面。待内部全部喷涂完后，静置一段时间放下前、后盖，注意要避免遮蔽纸擦伤刚喷涂好的油漆。先将车辆内部单独喷涂好，完全干燥之后再喷涂车身表面也不失为一种好的方法。

（2）喷涂车辆顶部。首先从驾驶人另一侧（在我国为右边）的立柱及车门框开始喷涂，然后从右侧车顶依次到左侧车顶进行喷涂，最后从左侧立柱及左侧车门框往下喷涂。

在喷涂车辆顶部时，站在一侧不可能完全喷涂完，需要换边进行操作。注意：在换边喷涂时，喷涂幅度要重叠好。

（3）喷涂车辆后部。左侧的立柱喷涂完之后，可以接着喷涂左侧后翼子板、行李舱盖、右侧后翼子板及后保险杠。后半部喷涂完成后应考虑是否需要添加涂料。

（4）喷涂右侧车门。首先为了防止后续喷涂时产生的漆雾落在右后翼子板上影响光泽及纹理，可以将右侧后车门半开，右侧前车门全开，然后先喷涂右侧后车门，待喷涂好之后再将两扇车门关好，再喷涂右侧前车门。

因为喷涂时需要打开车门，为了防止漆雾吹进车厢内部，所以在遮蔽时一定要密封好。

（5）喷涂车辆前部。在右侧前车门喷涂完后，按右前翼子板—发动机罩—左前翼子板—前保险杠的顺序进行喷涂。

注意，在喷涂发动机罩时，一般站在翼子板两边并分两半进行喷涂，既要不让喷幅重叠，又要防止工作服擦伤已经喷涂好的油漆表面。

（6）喷涂左侧车门。首先喷涂左侧前车门，然后将左侧前门打开，将左侧后车门半开，再将左侧后门喷涂好，完成全车喷涂。全车修补涂装的喷涂方向要根据具体工件的形状及车身流线型方向来确定。如车门及翼子板喷涂时宜采用横向重叠喷涂，3个平面位置宜采用从车前往车后的方向往复喷涂，车门立柱位置宜采用纵向重叠喷涂等。

车身表面的喷涂顺序及喷涂方向如图12-3和图12-4所示。

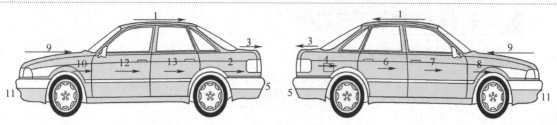

图 12-3 车身左侧的喷涂顺序及方向　　图 12-4 车身右侧的喷涂顺序及方向

4. 汽车制造厂车身涂装工艺过程

汽车制造厂车身涂装工艺过程如图 12-5 所示。

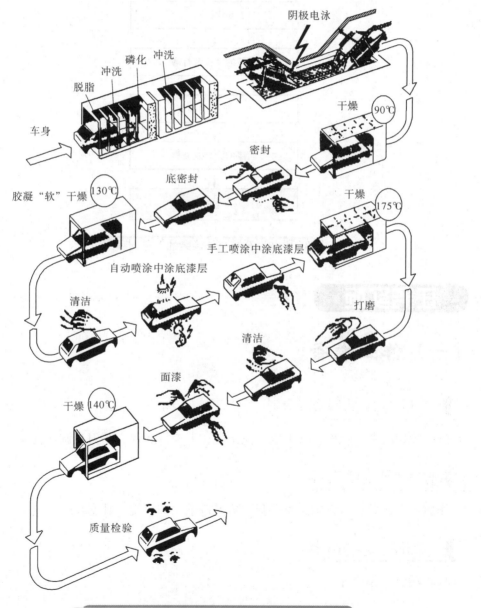

图 12-5 汽车制造厂车身涂装工艺过程示意

5. 全车修补涂装的工艺流程

全车修补涂装的工艺流程如图12-6所示。

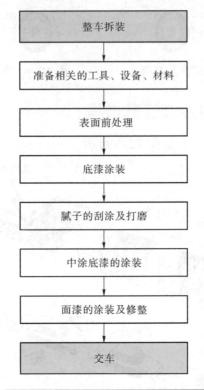

图12-6 全车修补涂装的工艺流程

任务实施

（一）作业准备

1. 工具设备的准备

烤灯、喷烤漆房、喷枪、吹尘枪、抛光机、手工打磨块、刮刀及调灰盘等。

2. 防护用品的准备

工作服、工作鞋、工作帽、线手套、防尘口罩、护目镜、耳塞。

3. 实训器材的准备

受损车辆、工作台等。

(二)操作步骤

1. 全车修补涂装时的表面前处理

全车修补涂装前的表面前处理方法与前面介绍的表面前处理方法基本相同，但是在全车修补涂装时还是要根据各损伤部位的面积、形状、程度的不同灵活运用。一般方法如下：

（1）清洁。按照全车清洗的步骤将全车清洁干净。在表面前处理之前进行清洗，可以避免车辆拆卸后密封不严导致车辆内部或内饰件进水。

（2）拆卸。车身表面有很多密封条、装饰条、标牌或零部件，如果在涂装时不拆卸下来而直接喷涂的话，有可能粘上涂料或缝隙涂料不均匀，既影响美观，也增加了大量的后续清理工作，所以最好在操作之前将能拆卸下来的部件都拆卸下来，并分类放置好。

（3）鉴别旧涂层。一般旧车车身涂层维修过多次，车身表面的涂料类型、性能都发生了改变，而且每个维修部位都可能不一样，所以在施工之前一定要认真鉴别每个部位的旧涂层的种类，然后选择合适的底漆、中涂底漆、面漆等材料，确定合适的施工工艺，确保在后期施工时不要因为材料不对、施工方法不当而引起返工。

（4）评估损坏程度。车辆在使用过程中会因为很多因素导致车身涂层受损或板件变形，在评估损坏程度时应先将全车所有有问题的地方用记号笔圈出来。为了防止有遗漏，最好一个部件一个部件地认真检查。在找出问题之后，确定每个部位的维修方法。对于变形较大的部位应该先进行校正，合格的钣金件凹陷变形量是不超过2mm，不允许有凸出的变形。

（5）除油。车辆在平时使用或维护时会粘上很多油污、车蜡等，在操作之前应该彻底清洁干净。由于全车面积较大，除油时应分块进行。

（6）遮蔽。将车身上一些不能拆卸的部件或打磨时可能触碰到的部位用粘贴胶带保护好，防止在打磨过程中出现不必要的损坏。

（7）除旧漆、除锈。利用打磨机配合不同型号的干磨砂纸对车身上涂层有问题的地方进行适当的打磨。一般地，对于面积较大或较厚旧涂层的打磨，可以采用单作用式打磨机配合P60号、P80号砂纸进行彻底打磨（如图12-7所示）；对较浅的划痕或问题较小的部位进行打磨，为了避免砂纸痕过粗，可以使用7mm双作用式打磨机配合P120号、P180号或P240号砂纸进行打磨（如图12-8所示）。

（8）打磨羽状边。用7mm双作用式打磨机配合P120号砂纸将之前粗打磨过的部位先打磨一遍，以消除P60号、P80号砂纸留下的粗砂纸痕。再将所有的旧涂层边缘打磨出羽状边，形成平滑的过渡。最后对需要刮涂腻子的部位羽状边边缘3~5cm的地方进行适当粗化，以提高腻子的附着力。

（9）清洁。用干净的抹布及风枪将车身表面打磨下来的粉尘清除干净。

（10）检查。检查车身表面缺陷是否有遗漏的地方，检查除旧漆、除锈及打磨羽状边是否有不合格的地方。

图12-7 大面积除旧漆、除锈

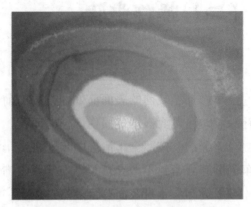
图12-8 小面积除旧漆、除锈

2. 全车修补涂装时的底漆涂装

经过表面前处理的全车，为了防止车身上裸露的金属生锈以及增强后续涂层的附着力，一般需要进行底漆处理。但有时为了简化工艺，对于面积较小的裸露金属部位也可以采用直接刮涂合金腻子的方法进行处理。一般全车修补涂装时的底漆涂装方法如下：

（1）遮蔽。将需要喷涂的部位周边位置用遮蔽纸、遮蔽胶带保护好。

（2）除油、粘尘。将所有需要涂装底漆的部位用除油剂擦拭干净，并用粘尘布将表面的浮尘擦拭干净。

（3）准备涂料。选择合适的底漆，并根据产品技术说明调配好涂料。

由于环氧底漆具有适用底材广、防腐蚀性好和附着力好的特点，所以汽车修补涂装行业一般推荐使用环氧底漆进行涂装。如某品牌的 P565-895 超快干无铬环氧底漆除了具有上述特点之外，还具有干燥迅速、干后无须打磨就可直接在其上刮涂腻子等优点。

当然，如果底材是塑料件，就要使用塑料底漆。

（4）喷涂底漆。对于较大面积，可以采用喷涂的方法进行涂装；对于较小面积，也可以用干净的棉布蘸上底漆后施涂薄薄一层或用毛刷刷涂一层。

（5）干燥。用烤灯对涂装过底漆的地方进行烘烤，加速干燥。

3. 全车修补涂装时腻子的刮涂及打磨

检查全车，看哪些打磨过的地方需要刮涂腻子，哪些地方不需要刮涂腻子。不需要刮涂腻子的地方暂时不管，记住需要刮涂腻子的部位及凹陷程度，然后按照下面工序进行操作：

（1）调制腻子。

①根据需要刮涂腻子部位的材质选择合适的腻子。

②根据刮涂的面积选取适量的腻子。如果全车刮涂的面积较大，那么建议分多次选取、多次调制、多次刮涂。

③按照产品技术说明添加适量的固化剂。

④充分混合腻子。

（2）刮涂腻子。全车刮涂腻子可分3次进行：

①第一次刮涂。将全车需要刮涂腻子的部位先用刮刀压实，薄薄地刮涂一层，以增强腻子与工件表面的层间结合，特别是在表面有缝隙、坑洼不平的地方，更应该用力将腻子填充进去，否则容易在里面形成气孔，时间长了之后，涂层容易出现起泡、开裂、脱落等缺陷。

②第二次刮涂。第二次刮涂要将全车表面填平，为了避免一次刮涂过厚形成气孔，在此层可以分多次刮涂，并不是只允许刮涂一遍，以填平为原则。

③第三次刮涂。此次刮涂主要是将腻子刮光，将表面轻微的气孔、划痕填平。

（3）干燥腻子。一般腻子在刮涂 20~30min 后即可打磨，有时为了提高工作效率，可以用红外线烤灯以加速腻子的干燥。

（4）打磨腻子。根据全车腻子刮涂面积的大小、光滑度，选择合适的打磨工具和砂纸进行打磨。一般的腻子打磨可分3次进行：

①使用 P60~P80 号干磨砂纸配合双作用式打磨机或轨道式打磨机进行粗打磨。

对于面积较大、涂层较厚的腻子，为了提高工作效率，也可以先使用单作用式打磨机配合较粗的砂纸粗磨一遍。对于面积较小、涂层较薄、不好用打磨机打磨的地方，需要使用手工磨块配合干磨砂纸进行打磨。

在进行粗打磨时，为了避免在腻子周围的旧涂层上产生较深的砂纸痕，一般不要超出刮涂腻子的范围。

②使用 P120~P180 号干磨砂纸配合双作用式打磨机或轨道式打磨机进行中等程度的打磨。

③使用 P240~P320 号干磨砂纸配合手工磨块将腻子彻底打磨平整，并磨出腻子周围的羽状边。在打磨腻子时应注意：

a. 每次打磨或换砂纸型号之前必须涂指示层，以显现涂层缺陷。

b. 打磨腻子需要更换砂纸时，砂纸跳号不能超过 100 号。

c. 在打磨过程中要一边打磨一边检查，防止打磨过度。

d. 如果经过打磨之后检查腻子时发现还有不平整的部位，应重新刮涂及打磨，直至完全恢复工件表面的形状和平面度为止。

（5）腻子的修整。腻子的修整步骤如下：

①仔细检查腻子及车身涂层表面，对于细小的针孔、砂纸痕、划痕等用幼滑腻子填平；对于较大的孔、划痕用双组分普通腻子填平。

②采用自然干燥或烘烤干燥。

③用 P240~P320 号干磨砂纸配合手工磨块将填补针孔、划痕的腻子打磨平整。

④用 P320 号干磨砂纸配合双作用式打磨机将需要喷涂中涂底漆的部位磨毛。

⑤将腻子及车身表面的粉尘清除干净。

4. 全车修补涂装时中涂底漆的涂装

全车修补涂装时，喷涂中涂底漆主要是为了填充工件表面细小的缺陷以及封闭旧涂层。对于车身上旧涂层较好的地方，可以不用喷涂中涂底漆。中涂底漆涂装的一般方法如下：

（1）遮蔽。用遮蔽纸和遮蔽胶带将不需要喷涂的部位及部件保护起来。由于中涂底漆的涂膜较厚，为了防止喷涂时产生较厚的台阶，应该注意贴护的范围不要太小，贴护时尽量采用反向贴护。

（2）除油、粘尘。将车身表面需要喷涂的部位用除油剂擦拭干净，再用粘尘布将表面的浮尘擦拭干净。

（3）准备涂料。选择合适的中涂底漆，并根据产品技术说明调配好涂料。

中涂底漆一般分单组分和双组分两种，对于非重要装饰面、喷涂面面积不大和要求不高的部位，可以采用单组分的中涂底漆；对于重要的装饰面、喷涂面面积较大和要求较高的部位，则需要使用双组分的中涂底漆。如果为了有较好的填充性和封闭性，建议使用双组分的中涂底漆。如果在较软的塑料件上面喷涂，双组分中涂底漆里面还应添加适量的塑料柔软添加剂。

（4）喷涂中涂底漆。喷涂中涂底漆的一般步骤如下：

①仔细检查全车，如果有裸露金属的部位，建议先用环氧底漆作防锈处理；如果有裸露塑料的部位，建议先用塑料底漆作提高附着力处理。

②将需要喷涂的部位先雾喷一层并闪干，确保没有不良反应。

③将需要喷涂的部位正常均匀地喷涂两遍，完成中涂底漆的喷涂，如图12-9所示。

喷涂中涂底漆时应该注意：

a. 喷涂层数可根据喷涂部位的需要确定。一般缺陷比较严重的（如针孔、砂纸痕等），可适当多喷涂几层，缺陷比较轻微的可适当薄喷。

b. 喷涂完成后的中涂底漆边缘不能有明显的台阶。

c. 如果一个区域内有相邻的几块喷涂部位，就对整块区域进行喷涂。

喷涂好的中涂底漆层应该达到涂层均匀、光滑、平整、无针孔、无划痕等。

（5）干燥。根据喷涂的部位多少进行合适的干燥。如果喷涂部位较少，可以使用红外线烤灯进行烘烤；如果喷涂部位较多，就在烤漆房内进行烘烤。

（6）检查及补刮腻子。认真仔细检查全车，对于车身表面细小的针孔、划痕等缺陷，用幼滑腻子进行填补，确保车身表面不存在任何问题。

（7）打磨中涂底漆。由于中涂底漆有一定的耐水性，所以中涂底漆既可以湿磨，也可以干磨。湿磨时一般选择手工打磨块配合P600~P1000号水磨砂纸进行打磨。干磨时一般选择双作用式打磨机和手工打磨块配合P320~P500号干磨砂纸进行打磨。干磨的一般步骤如下：

①将车身上有中涂底漆的部位用碳粉指示剂均匀涂抹一遍。

②用手工打磨块配合 P320 号砂纸将刮涂过幼滑腻子的部位和不平整的地方打磨平整。打磨时尽量避免磨薄或磨穿中涂层。

③用 3mm 双作用式打磨机配合 P400~P500 号干磨砂纸将中涂底漆打磨得平整光滑。

④用 3mm 双作用式打磨机配合 P500~P600 号干磨砂纸将需要喷涂面漆的部位全部磨至没有光泽（如图 12-10 所示）。对于一些打磨机不好打磨的部位，应选用 P800 号及更细的砂纸、菜瓜布等进行手工打磨。如果全车准备采用驳口法喷涂，则应该使用较细的砂纸（如 P1500 号砂纸）进行打磨。

（8）清洁除尘。打磨完成后，先用干净的湿抹布将全车擦拭干净，再用风枪将表面的浮尘吹掉，最后认真检查表面，确保所有喷涂表面符合面漆涂装前的质量要求，否则面漆涂装完后再返工会造成更大的材料、时间的浪费。

图 12-9　喷涂中涂底漆

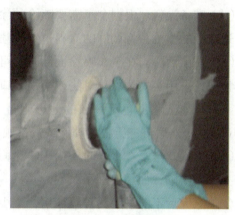
图 12-10　打磨旧涂层

5. 全车修补涂装时面漆的涂装及修整

全车打磨完成并彻底清洁后，就可以进行面漆的涂装。面漆涂装的一般方法如下：

（1）遮蔽。为了保持喷漆房的清洁，首先应在喷漆房外面用遮蔽纸和遮蔽胶带将不需要喷涂的部位及部件保护起来，只留出阻碍汽车移动的部位，待车辆进入喷漆房停好之后再遮蔽。

（2）检查并清洁喷漆房。全车涂装时，由于喷涂环境对最后涂膜质量的好坏会产生巨大的影响，所以，在车辆进入喷漆房之前需要仔细检查喷漆房的换气系统、照明装置工作是否正常；检查喷漆房的密封性能是否良好；检查喷漆房的过滤系统是否干净；检查喷漆房内的墙体及地面是否干净。确保没有问题之后将车辆移至喷漆房内停放好，并将剩下没有遮蔽的部位及部件遮蔽好。

（3）除油、粘尘。仔细检查全车，确保车辆表面没有缺陷、遮蔽良好，然后采用擦拭法或喷擦结合法将所有需要喷涂的部位用除油剂擦拭干净。最后用粘尘布轻轻擦拭工件表面，将表面的浮尘擦拭干净，如图 12-11 所示。

图 12-11　清洁

（4）准备涂料。根据全车需要喷涂的涂料类型，调出颜色并根据产品说明进行调配，选择合适口径的喷枪，将调好的涂料过滤到喷枪里面。

（5）喷涂面漆。在全车喷涂面漆时，可以根据喷涂的涂料类型、损伤部位及面积大小等具体情况，采用实喷法、驳口法或实喷驳口法相结合的方法进行喷涂。不管采用哪种喷涂方法，一般要求先将颜色不一致的地方遮盖 1~2 遍，提高涂料之间的亲和力，同时也提高涂层的遮盖力；然后再进行板块喷涂或局部喷涂，如图 12-12 和图 12-13 所示。

（6）干燥。全车在干燥时，由于喷涂面面积较大，如果干燥方法或干燥时间不对，很容易产生涂膜缺陷，如"起痱子"、起泡等。一般全车在干燥时应注意以下几点：

①喷涂完后不能马上关掉喷漆房，最少保持系统工作 15min 以上的时间，特别是不能马上进行烘烤（除非涂料产品有特别说明）。

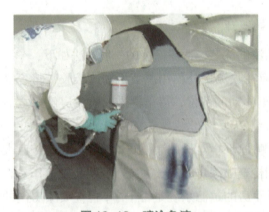

图 12-12　喷涂色漆

图 12-13　喷涂清漆

②在烘烤之前最好将部件边缘的遮蔽胶带拆除干净。

③最好采用整体加热的方式进行干燥，加热的温度不宜超过 70℃。

（7）修整面漆。由于施工环境、操作人员的技术水平、工具设备等因素的影响，经过全车修补涂装的涂膜很难达到完美无瑕，一般还存在或多或少的问题，所以在涂层干燥之后一定要认真检查，对有问题的地方进行适当的修整。面漆修整的一般方法如下：

①检查涂膜。将车身表面涂层所有有问题的地方找出来,以便进行相应的处理。

②分析涂膜缺陷。根据涂膜缺陷的类型及处理方法,将涂膜缺陷进行分类。

③对于涂层表面的轻微缺陷,可在进行精打磨之后,再进行抛光、打蜡处理(如图12-14所示)。

④对于问题较严重的缺陷和非表面缺陷,一般需要通过重新涂装进行处理。

(8)收尾。收尾工作包括以下内容:

①将涂装之前拆卸下来的部件安装还原。

②将车身上有混漆、脱胶的地方清理干净。

③将车辆内、外清洁干净。

④对全车涂装进行检查(如图12-15所示),确定没有问题之后交车。

图12-14 抛光

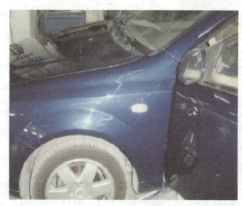

图12-15 质检

学习小结

1. 全车修补涂装的定义

全车修补涂装是指对汽车车身及所有车身覆盖件进行的涂装作业。

2. 全车修补涂装的方法

全车修补涂装根据喷涂方法可以分为实喷法、驳口法以及实喷驳口相结合的方法等。

3. 全车修补涂装的顺序

对于全车修补涂装的顺序,总的原则是先内后外、先边后面、先上后下。具体的路线没有一个硬性规定或规则,每个操作人员都有自己不同的操作思路,但有一点是一致的,即如何防止喷涂时产生的漆尘落到已喷涂好的涂面上,减少后喷涂层对已喷涂层的影响,保持整个涂层的湿润度。

任务评价见表12-1。

表 12-1 全车修补涂装操作考核评价表

考核项目	评分标准	分数	学生自评	小组互评	教师评价	备注
团队合作	是否和谐	5				
活动参与	是否积极主动	5				
任务方案	是否正确、合理	15				
安全生产	有无安全隐患	10				
操作过程	（1）全车修补涂装时的表面前处理； （2）全车修补涂装时的底漆涂装； （3）全车修补涂装时腻子的刮涂及打磨	30				
任务完成情况	是否圆满完成	5				
工具使用情况	是否规范标准	10				
劳动纪律	能否严格遵守	5				
现场 5S 管理	是否做到	10				
工单填写	是否完整、规范	5				
总　　分		100				
教师签名		年　　月　　日			得分：